日本史を学ぶための
図書館活用術

辞典・史料・データベース

浜田久美子

吉川弘文館

はじめに

インターネットが普及する以前、学術研究は図書館なくしては考えられなかった。それは今でも変わらないはずであるが、簡易な内容の情報であればネットで調べられるようになり、学生が図書館に行く目的も文献調査から単なる「自習」に変わりつつあるのではないかと危惧される。

著者は国立国会図書館に二十年以上勤務し、人文系のレファレンスを長く担当したが、オンラインデータベースや電子化された書籍を利用しても、紙の本を見ずにレファレンスを終わらすことはできなかった。ネットで検索できるのはほんの一部でしかなく、膨大な研究史は紙の本に蓄積されていることを、図書館員は知っていると信じたい。

本書は、日本史初学者に向けた図書館活用術である。ただし、図書館の使い方ではなく、図書館にある辞典や年表、史料の注釈書や通史などの紹介が中心となる。これらの本はインターネットでは読めないものがほとんどであるから、図書館に行けば質量とも如何に有用な情報を得られるかがわかるであろう。

著者の専門が日本古代史であるため、古代史・中世史で使う本や情報が中心となるが、方法論は他の時代にも応用が利く。本書の対象は、日本史を学び始めた学生や一般の方々であるとともに、彼等を文献に導くための図書館員も含む。さらに、研究者や出版者にも、初学者が研究を始めるのが困難な時代となった現実を理解してもらいたいと考えている。

本書が辞典の紹介に紙幅を割くのは、学術的な内容がわかりやすく整理された辞典の記述こそが初学者が最初に触れるべき情報と考えるためである。また、辞典の特徴がわからないまま、オンラインコンテンツとして提供された記事が安易に「コピペ」されて使用されている現状もある。

だがそれだけではない。新しい辞典が発行されないことで弊害を被るのが、初学者であり図書館員である。既存の辞典の刊行年が古くなれば、その内容や紹介されている文献も古くなる。このため、新たな論文から情報を補わなければならない。それなら、最初から論文を見てしまった方が早いということになり、辞典が使われなくなってしまう。しかし、初学者が論点の細分化された論文から研究を始めるのは、一つの見方に引きずられ全体が見えなくなる点で好ましくない。

そこで、本書では、辞典を中心とする参考図書の紹介と、データベースの活用法の二本立てで日本史初学者に必要な情報を提供したい。また、史料読解の段階に進んだ人に役立つ情報も加えた。本書を手に取り、図書館に行き、辞典の多様性と研究の奥深さに気付いていただければ幸いである。

目次

(三) 人名辞典……49

第四章　史料を読み解く

(一)　漢和辞典……124

第一章

レポートを書くには

インターネットや本の中の文章を写しただけでは、レポートとはいえない。レポートは求められた内容について、的確な文章を自分で作成して回答することが求められる。このため、いきなり文章を書き始めるのではなく、情報を集めて知識を深める段階、集めた情報を整理しながら文章の構成を練る段階という準備作業が必要となる。以下で、例題をもとに、三つの段階の作業を紹介したい。

例題　聖武天皇が七四一年に国分寺建立の詔を出すに至った経緯について、「鎮護国家」と「社会不安」の語を用いて二〇〇〇字～三〇〇〇字で説明せよ。

ステップ1――情報を集める

・用語説明をする

レポート作成の基本は、キーワードとなる語を的確に説明することである。例題では、まず冒頭に、「国分寺建立の詔は（とは）」で始まる説明を書くことになる。また、文中には「鎮護国家」と「社会不安」についての説明も必要である。

・辞典の種類を使い分ける

用語の説明には、辞典を使うことを勧める。ただし、第二章（一）でみるように、辞典には百科事典、国語辞典、漢和辞典、日本史の辞典、人名辞典、地名辞典などさまざまな種類がある。地名辞典で「国分寺」を引けば、東京都国分寺市などの地名項目が出てくるため、調べたい内容によって辞典の種類を使い分ける必要がある。

『広辞苑』のような国語辞典やオンライン百科事典「コトバンク」収録の辞書コンテンツなどは、用語の定義が簡潔にまとめられているが、レポートや卒業論文などある程度の文字数を書く場合には、歴史的な背景を含む記述が必要とされる。したがって、歴史用語を調べる場合には、国語辞典や百科事典では不十分で、図書館で日本史専門の辞典（便宜的に「日本史辞典」という）を使用してほしい。日本史辞典にどのようなものがあるかは第二章（二）で紹介する。なお、ネット上にはまだ、信頼のおける日本史辞典はない。

・索引を見るのも忘れずに

辞典をどの言葉で引くかも重要である。「国分寺建立の詔」という項目がなくても、「国分寺」の項目の中に建立の詔について記されている場合がある。探している語が立項されていなくても、巻末の索引、あるいは複数冊ある辞典なら索引巻から必要な記述が見つかることもあるので、索引の存在を覚えておこう。

・引けない言葉もある

例題のキーワードのひとつ「社会不安」は歴史用語でないため、多くの辞典には立項されていない。仮に国語辞典などに立項されていても、奈良時代の社会不安を述べているわけではない。その場合、「国分寺」や「国分寺建立の詔」について詳細に書かれた辞典の記述から、国分寺建立の要因のうち社会不安とみられる要素を自分で抽出することになる。

・複数の辞典を引き比べる

辞典の記述を整理する時には、複数の日本史辞典を引き比べることを勧める。何を国分寺建立の要因とするかは、辞典により異なることもある。複数の辞典が共通して記す内容は学説として定着しているもの、そうでない場合は見解に諸説あるとみることができる。定着しているもののみが正解なのではなく、諸説あれば自分はどう思うかを考えるきっかけとなる。辞典も完璧なものではなく、一つの解釈と捉えてほしい。

・有用な項目はコピーしておく

内容を整理する際に必要となるため、有用な情報が得られた辞典の項目は、コピーをとり手元に置いておこう。コピーには、辞典の書名、出版社名、刊行年を忘れずに記入しておくこと。

・論文を読む

用語説明の羅列だけではレポートにならない。例えば「鎮護国家」の思想と「社会不安」を構成する各要素がどのように関連して「国分寺建立の詔」に到るのかを丁寧に説明しなければならない。例題では、「社会不安」には複数の解釈が成り立つと思われるため、自分が何を「社会不安」とするのか判断するために、論文を読みさまざまな見解を知る必要がある。

初学者であれば、まず第五章（一）に挙げた「通史」を読むことを勧める。通史で概略を理解したうえで、専門書や学術雑誌に収録される論文を読むとよい。論文の探し方は、辞典や通史に挙げられた参考文献を見る方法や、第三章（一）に示したデータベース検索などがある。

・論文の読み方

論文にはテーマに関する先行研究や著者の問題意識が記されている。論文を読む前に、辞典や通史で得た情報をもとに、自分がより詳しく知りたい点や不明な点などを書き出してみよう。というのも、事前の知識無く論文を読むと、論文の内容に疑問が生じず、論文の著者の意見が、自身の意見にすり替わってしまうからだ。

次に、論文を読み始めるが、単に文字を追うのではなく、「問題提起」「先行研究（学説整理）」「論証」「結論」というように内容を整理しながら読むとよい。これは、自身がレポートや卒業論文を書く際にも役立つ。論文では「論証」部分が重要となるので、どのような史料をどう解釈して結論が導かれたのかを意識しながら読むようにしたい。

・複数の論文を読む

たとえ最初の論文で知りたいことがすべてわかったとしても、複数の論文を読むことを勧める。論文は著者の個人的な見解であり、また、すべての論文が審査（査読）を経て掲載されているわけではないので、その内容を信用し過ぎてはいけない。複数の論文を読み比べながら、知りたいことや不明な点にフィードバックして、常に情報を整理していく作業を繰り返すのがよい。

・批判・検証する

複数の論文を読めば、異なる結論や異なる分析方法に巡り合うであろう。そこで、最後に論文の内容を批判・検証する必要がある。文字数の多い卒業論文では、この部分が最も重視される作業となる。まず検証されるべきは「論証」部分であろう。歴史学は史料の読解に基づくため、史料解釈に問題はないか、使用される史料は信憑性があるかが基準となる。この段階では、検証に使用された史料を自分で読み直す必要が生じる。ほかにも先行研究の整理に過不足ないか、問題提起に対応する結論が得られているかなどの検証も必要である。このように、論文を読むことは根気も時間も要する作業なのである。

・論文の内容や収録文献、刊行年をメモしておく

有用な論文であれば、何度も読み返す必要があるため、コピーを手元に置くとよい。また、論旨や批判をメモしておけば、情報をまとめる際に便利である。

論文は最新の研究成果を示す役割を果たすので、いつの時点の成果なのかを把握するため、刊行年にも注意を払いたい。また、論文集に収録された論文は、雑誌に掲載されたものを再録している場合があるため、論文集の巻頭や巻末の初出一覧をみて初出年もメモしておこう。

ステップ2——情報を整理する

・情報を整理する

以上でテーマについての知識はかなり深まったと思われる。そこで、レポートを書き始める前に、辞典から得た基本情報と、論文から得た先行研究を整理しながら、テーマについて分析し、結論や課題を示してみよう。情報の整理がレポート作成の最も重要な作業である。

まず、次の点を整理してみよう。

① テーマに関する説明

国分寺建立の詔が出された社会背景が例題のテーマである。いつ、誰が、どのような理由で出したのか、詔の内容は何かなどの基本事項を、日本史辞典や通史の記述から整理して文章を作成する。

② 先行研究に関する整理

国分寺建立の詔や当時の社会不安の内容について、複数の説があれば、各説の論者とその根拠を整理した文章を作成する。

③ 疑問点

①②を通じた疑問点を挙げる。例えば、A論文では蝦夷の反乱を社会不安に挙げるが、B論文では挙げていないため、蝦夷の反乱を国分寺建立の要因とみなしてよいのだろうか、というように、先行研究の理解や史料解釈についての疑問がよい。もし疑問が「飢饉や地震、疫病が流行った時代に国分寺や大仏を造ることが民衆のためになるのか」という現代的な価値観から出されたものであれば、再度、奈良時代の国家仏教の役割を調べるなど、当時の社会背景を学んだ上で考え直すのがよい。

なお、字数が少ないレポートであれば、①②を通じた疑問を自身の意見としてレポートを締め括ることも可能である。

④ 分析・課題

③の疑問を解決するために、今後どのような分析が必要になるかを課題に挙げて終わる方法がある。また、少しでも分析した内容があれば、それを記して、分析しきれなかった内容は課題とする方法もある。ただし、卒論では、疑問を丁寧に分析しなくてはならないだろう。

ステップ3――レポートを書く

ステップ2の①～④で作成した文章をもとに、レポートを書き始めよう。

例題では、冒頭は「国分寺建立の詔は（とは）」で始まる用語の解説である。単に複数の辞典の記述をそのまま写し、いわゆる「切り貼り」で文章を作るのはよくない。内容の重複や前提となる説明が無いなど、レポート全体でみるとアンバランスな文章になるためである。

そこで、①で整理したように国分寺建立の詔はいつ、誰が出した、どのような内容なのかという構成に、自分の文章で答えを当てはめていけば、内容の重複は起こらない。すなわち、回答の構成を自分で考えることが、オリジナルな文章を作ることにつながる。

なぜ国分寺建立の詔が出されたのかについては、②で整理した情報を踏まえ丁寧に説明する。ここでも、引用ばかりになることを避けるために、例えば時系列に説明する、社会不安の構成要素別に説明するなど、構成を考えてから文章を書くべきである。

次に③④でまとめた疑問や分析を書き、最後に課題を述べて終わりである。内容に応じて段落を分けたり、小見出しをつけたりするなど、採点者が読みやすいような工夫も必要である。

・引用と出典

以上の用語説明や先行研究の紹介の際に重要なのが引用と出典の明記である。引用は、他者の文章をそのまま写すことであるから、引用した場合は「　」で括り、どこからどこまでが引用なのかわかるようにする。また必ずその出典も明記する。例題のように字数が少ないレポートであれば、引用した直後に（　）で出典を書いてもよい（左記A）。また、文字数が多いレポートや卒論の際には、引用箇所に番号をふり、脚注や文末注に引用文献を記す方法がある（左記B）。いずれも、引用前後に「○○は〜と記している」など、引用であるとわかる表現があるとよい。もちろん、「　」をつけて出典を明記したからといって、引用ばかりで終わるレポートは不合格となろう。

【引用注の付け方】

A　引用直後に出典名を書く場合―字数の少ないレポートの場合（二〇〇〇字程度）

（例）藤原仲麻呂の生涯について、岸俊男は「父の急死がなかったならば、南家の次男坊として、彼はむしろ学問好きな平凡な一貴族として終わったかも知れない」と記している（岸俊男『藤原仲麻呂』吉川弘文館、一九六九年、四二三頁《ページ》）。

B　引用注として末尾に出典を書く場合―字数の多いレポートや卒論の場合

（例）藤原仲麻呂の生涯について、岸俊男は「父の急死がなかったならば、南家の次男坊として、彼はむしろ学問好きな平凡な一貴族として終わったかも知れない」と記している。[1]

注（1）岸俊男『藤原仲麻呂』吉川弘文館、一九六九年、四二三頁

また、他人の文章をそのまま写さず、自分で要約して紹介した場合は「　」は不要であるが、出典は必要であり、またどの部分が他人の説なのかがわかるような文章にする必要がある（左記C）。

C【引用せず自分でまとめる場合】

（例）父藤原武智麻呂の急死が仲麻呂の人生を大きく変えたとみる岸俊男の説がある。[1]

注（1）岸俊男『藤原仲麻呂』吉川弘文館、一九六九年、四二三頁

次のように、出典もなく他人の意見を自分の意見のように書くことは避けたい。

D【悪い例】

（例）父藤原武智麻呂の急死が仲麻呂の人生を大きく変えた。

仮にこれが自身の見解であれば、その前に父の急死が藤原仲麻呂の人生を変えたと考える根拠を述

べる必要がある。それも示さず、単に結論のみ書かれている場合は、他者の見解とも自身の見解とも判断がつかないのでよくない。

このように、他者の見解を示せば、今度はそれを受けて自分がどう考えるかを書かねばならない。そこで最後に自身の考察を加える。考察は史料や論文を批判的に分析したものであると望ましく、必ず根拠を示す必要がある。

・出典の書き方

日本史における出典の書き方を紹介する。これ以外の書き方もあるので、ここでは一例として紹介する。

【辞典の項目】

執筆者名「項目名」編者名『書名』出版社、刊行年、該当頁

＊編者名以下を（　）に入れる場合もある。　＊該当頁は省略される場合もある。

(例) 福山敏男「厳島神社」古代学協会・古代学研究所編『平安時代史事典』上、角川書店、一九九四年、一五六―一五八頁

【図書収録の論文】

著者名「論文名」編者名『書名』出版社、刊行年、該当頁、初出年

＊編者名以下を（　）に入れる場合もある。＊該当頁は省略される場合もある。

＊再録された論文の場合は末尾に初出年を入れることがある（例1）。

（例1）鈴木靖民「古代蝦夷の世界と交流―北の十字路・豊饒の地」『日本古代の周縁史』岩波書店、二〇一四年、三五―八五頁、初出は一九九六年

（例2）仁藤敦史「律令国家の王権と儀礼」佐藤信編『律令国家と天平文化』吉川弘文館、二〇〇二年、八二―一一二頁

【雑誌論文】

著者名「論文名」『雑誌名』巻号、刊行年、該当頁

＊雑誌名以下を（　）に入れる場合もある。＊該当頁は省略される場合もある。

（例）浜田久美子「国際交流の人々　阿倍仲麻呂―仲麻呂伝の成立過程」『歴史と地理』七一五、二〇一八年、三八―四七頁

ポイントは、項目名や論文名は「　」で、書名や雑誌名は『　』で括ることである。また、図書収録の論文の（例1）では、一冊すべて鈴木氏の論文だけで構成されているため、書名の上に書くべき著者名（鈴木靖民）を省略している。これに対して、（例2）の本は、一冊の中に複数の人が書いた論文が収録されている。一般的に編者のいる本はこのような構成である。そのため、（例2）には、書名の前に編者名（佐藤信）を記している。編者名は省略しない。出典の書き方は第三章（一）でも触れたので、参照してほしい。

以上がレポートを書くための方法の一例である。日本史以外の分野にも応用できるが、この方法がすべてではないことは断っておく。

ネットの情報からレポートを書こうとすれば、まずステップ1で示した日本史辞典の記述が無料のネット情報からは得られないことに気付くであろう。辞典で基礎知識の整理ができないまま論文を読めば、判断基準を失い、論文の内容を鵜呑みにせざるを得なくなり、自身の考察も出しにくい。何より、著者が不明なネット記事をもとに情報を集めれば、基礎知識そのものが誤りの可能性も高くなる。このため、取っ掛かりは辞典の記述であるほうがよい。レポート作成を機に、図書館で辞典を手に取ってほしい。

第二章

日本史の辞典

調べものをする際に使う辞典や年表などを「参考図書」もしくは「レファレンスブック」と呼ぶ。これらは、最初のページから通読する小説や新書などと異なり、自分が知りたい事柄が載っているページを上手に見つけて情報を収集するための本である。参考図書には、辞典や年表、便覧、年鑑、文献目録などがあり、情報を便利に探せるように、巻頭の目次や巻末の索引などが付けられていることが多い。

多くの図書館では、参考図書を集めたコーナーが設置されているが、何を参考図書とするかは図書館により異なる。書名に「辞典」とあっても調べものに便利でない（使いにくい）ものもあり、一見普通の研究書に見えても、参考図書としても活用できる内容を含むものもあるため、参考図書コーナーをみると、その図書館の司書の選書眼がわかるおもしろさがある。

（一）　辞典の種類

ひとことで辞典といっても、内容により英和辞典、和英辞典、英英辞典、漢和辞典、国語辞典、百科事典、人名辞典、地名辞典、日本史の辞典、日本文学の辞典、法律の辞典、医学の辞典などさまざまである。日本史の学習のさまざまな場面で、辞典も使い分ける必要がある。一般的な使用例を次に挙げる。

- 漢文史料を読むときには「漢和辞典」で漢字や熟語の意味や用例を調べる。
- 漢文史料の漢字や熟語が「漢和辞典」にない場合は、日本での用法の可能性もあるため「国語辞典」も調べる。
- 変体仮名などの文字を読むときは、「くずし字辞典」を調べる。
- 歴史用語の意味は「日本史辞典」で調べる。
- 人物の略歴は「人名辞典」や「日本史辞典」で調べる。
- 地名の歴史は「地名辞典」や「日本史辞典」で調べる。
- 年号から西暦を調べる場合（逆もあり）には「年表」を用いる。

実際に図書館で辞典や年表などの参考図書を手に取り、それぞれの特徴を知った上で活用するのがよい。各書の冒頭には、「凡例《はんれい》」として編集方針や項目数、配列など細部が規定されていることが多いため、本書で紹介できなかったものについても、内容を知る際には、「凡例」に注目してほしい。また、英和辞典や国語辞典、百科事典、人名辞典などは、「コトバンク」などのオンラインデータベースで引けるものもある。

以下に、日本史を勉強する際によく使う日本史の辞典、人名辞典、地名辞典、年表を取りあげ、特徴や活用方法を紹介していきたい。

（二）日本史辞典

日本史に特化して編纂された辞典を便宜的に「日本史辞典」と称す。ここではとりわけ古代史・中世史を学ぶ人が使うおもな辞典を紹介したい。

【系統図】（二〇頁）に示した通り、現在の日本史辞典の項目は、1『国史大辞典』の項目に基づくものが多く、後述のとおり最近の研究成果が反映されているとはいえない。このため、同じ系統でも新しいものや異なる系統の辞典など複数の辞典や最新の論文を併用しながら研究を進める必要がある。最新の論文の探し方は第三章（一）で紹介する。

1　日本史辞典の王様『国史大辞典』

編者　国史大辞典編集委員会　出版社　吉川弘文館　刊行年　一九七九―九七年

冊数　一五巻一七冊

＊第一五巻のみ上（補遺、史料・地名索引）(1)・中（人名索引）(2)・下（事項索引）の三冊構成

項目数　約五万四〇〇〇　執筆者数　約三五〇〇人（各項に記名）

配列 ヨミの五十音順　**索引** 有（第一五巻上中下）　**判型** 四六倍判（B5判）　**縦書き**
刊行時の価格（第一巻）期間限定の特価八八〇〇〇円、定価は各巻一万円
＊三省堂『広辞林』が一九八〇年には三八〇〇〇円、有斐閣『六法全書』が一九八一年には五〇〇〇円[3]
歴史 明治四十一年（一九〇八）に日本初の本格的な歴史辞書『国史大辞典』（八代国治・早川純三郎・井野辺茂雄編、全二冊）を刊行した吉川弘文館が、社の百周年記念事業として一九六五年に編集委員会を設置し、坂本太郎東京大学・國學院大學名誉教授を委員長とした。第一巻刊行までに十四年、一五巻の完結までに三十二年を費やした、戦後の歴史学研究の進化と国民生活の発展（コラム①参照）のなかで編纂された日本史百科事典である。本書のために三菱製紙は専用の用紙を作成し、東京印書館は新書体を開発し、当時はまだ主流でなかったオフセット印刷を採用した。一五巻完結後の発行部数は累計四〇万部に達した[4]。

・特徴——多様な項目

本書が刊行から四〇年を経ても不動の地位を築く理由は、五万四〇〇〇という他の追随を許さぬ膨大な項目数にあるが、加えて項目の多様性も特徴的である。例えば、「歴史学」「史料」「古代」のような大きな概念の項目から、古文書用語「一人」（いちじん、天子をいう）、「今行事」（いまのぎょうじ、『養老令《ようろうりょう》』の注釈書『令集解《りょうのしゅうげ》』に引用される法制用語）など限定的な史料用語まで、すべて詳細に解説されている。

【系統図】

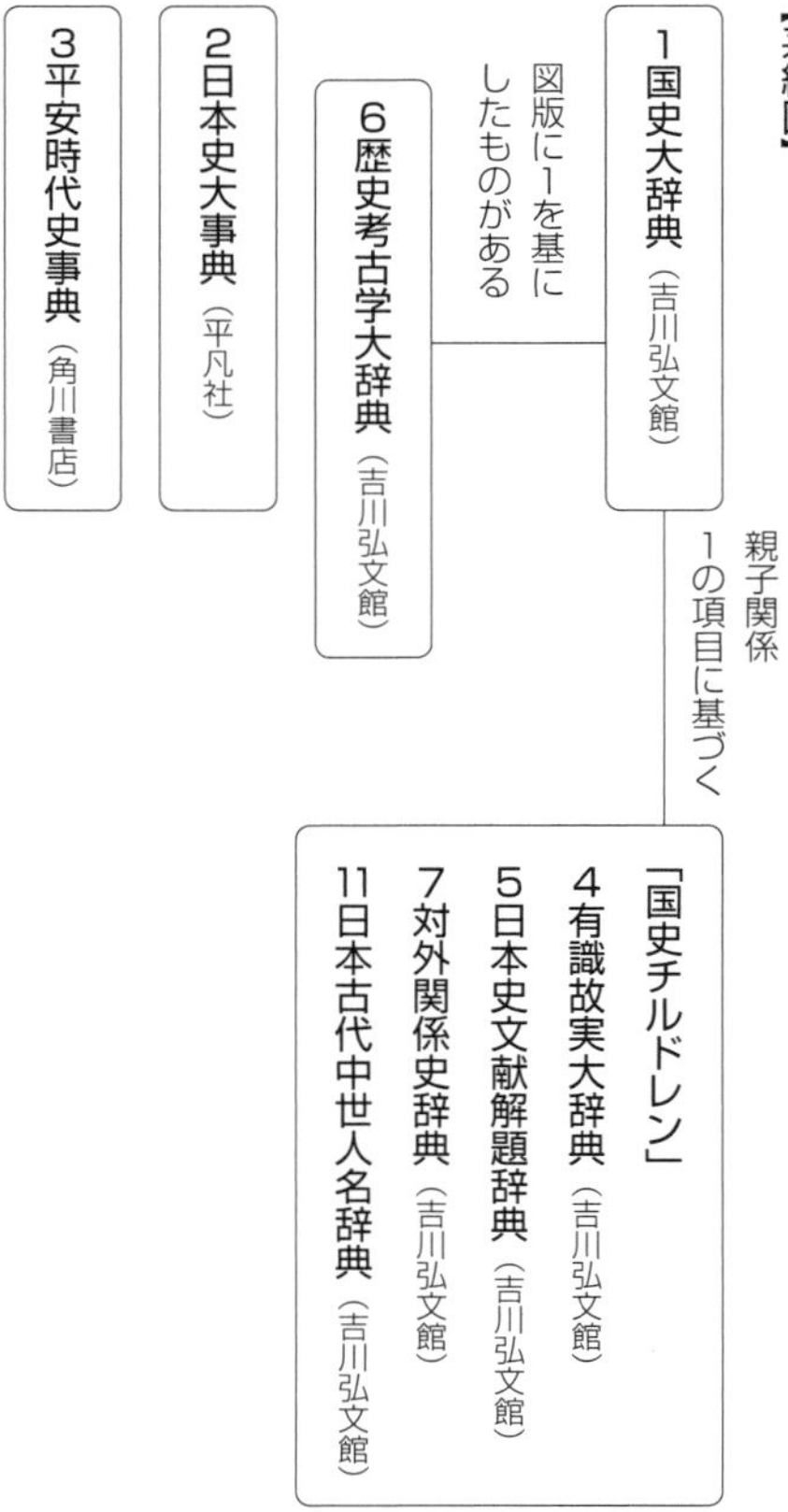

執筆者は各界の権威であり、どの項目も用語の概念が過不足なくまとめられている。例えば、堀池春峰による「東大寺」の項目には、考古学上の最新成果は含まれていなくても、古代から昭和までの東大寺の歴史が余すところなく凝縮されており、研究を始めるにはこの項目からスタートしなければならないと感じる（ただし誤植が含まれていることはコラム②参照）。

人名は、歴史上の人物のほか、政治家、文学者、自然科学を含む近現代の研究者名が立項され、多くは写真入りで掲載されている。[5] 一五巻上の「補遺」には刊行が進む中で故人となった人名が収録されているので、こちらも忘れず手に取ってほしい。

女性名の採録が少ないことや、男性名は訓読みなのに前近代の女性名が音読み（藤原穏子を「ふじわらのおんし」と読むなど）で統一されていることには批判がある。(6) このほか、「金春秋」など古代の金姓を呉音で「こんしゅんじゅう」と読み、人名ではないが「耽羅」を「とむら」と読むのは写本の古訓に拠るとはいえ、古めかしく感じる。しかし、「きんしゅんじゅう」「たんら」の参照項目があるので、該当の記述に行きつくことができる。(7)

・活用方法――基本事項の確認

多様で豊富な項目を備えた辞典であり、基本事項の確認には必須である。ただし、他の辞典との関係にも注意したい。

【系統図】からもわかるように、現在の吉川弘文館刊行の日本史辞典は、多くが『国史大辞典』に基づいている。すなわち、『国史大辞典』刊行後に、その項目をテーマ別に再編した一冊ものの辞典（『国史チルドレン』、コラム②参照）が多く出版された。それらの項目は、『国史大辞典』のものをそのまま載せている場合と、誤植の訂正や内容の改訂、参考文献の追加などがなされている場合とがある。

このため、授業やレポートで紹介する場合には、やみくもに『国史大辞典』から引用するのでなく、コラム②で挙げる「国史チルドレン」の辞典を参照すべきである。後述のようにジャパンナレッジ収録の『国史大辞典』も冊子体の内容が修正・追記されているわけではない。

また、次項で紹介する『日本史大事典』のほうが記述はやさしいので、『国史大辞典』が難解だと思ったら、『日本史大事典』と見比べながら理解を深めるのがよいだろう。

・注意点――刊行年の古さ

刊行年が古いため、考古学の発掘成果や最新の学説、近年の学際的な視角が反映されていないこと、各項目に付された参考文献が新しくないこと、地名が町村合併後のものに対応していないこと、世界の国名項目にある人口や貿易統計の数値が使えないことなどは念頭におく必要がある。完成度の高い辞典であるが、刊行から時間が経っている点で絶対的信頼は禁物である。

・豆知識――一覧表や図版の活用

多くの辞典には巻末に表や図などをまとめた付録があるが、『国史大辞典』にはない。しかし、巻末にまとめられていないだけであり、各項目に掲載されている。例えば、「異体字」（いたいじ）の項目には見開きの異体字一覧が付いているので、一覧を探す場合も項目を引いてみるとよい。

なお、異体字のほか、天皇の一覧や「月の異名」「中国の歴代度量衡《どりょうこう》」など、これまで項目のなかに入り込んでしまっていた一覧表が『日本史必携』（吉川弘文館、二〇〇六年）としてまとめられた。『国史大辞典』やその後に刊行された『日本仏教史辞典』、『日本交通史辞典』『神道史大辞典』などから便利な表・図を収録した一冊である。

このほか、『国史大辞典』にはカラー写真や白黒写真を掲載した約二〇〇の「別刷図版」も各項目に差し込まれ、各巻頭にその目次がついている。写真や画像を探す図書館のレファレンスの際にも使えるので、図書館員も覚えておくべきであろう。ジャパンナレッジには四三に絞られた別刷図版から掲載許諾が得られたもののみが収録されているので、冊子体の利用価値は十分残されている。

・ジャパンナレッジの『国史大辞典』

ジャパンナレッジはさまざまな辞典が収録されたネットアドバンス社の有償のオンラインデータベースである。契約している大学図書館や公共図書館で利用することができる。『国史大辞典』もジャパンナレッジに収録されたことで、項目名を中心とする「見出し語」検索だけでなく、(8)「本文検索」（全文検索）が可能となった。もちろん、冊子体でも第一五巻の索引（史料索引・地名索引・人名索引・事項索引）を使って探せるが、索引に採られていない語からも検索できて便利である。また、「詳細（個別）検索画面」では執筆者名で検索ができるので、個別の研究者の業績を知るうえで興味深い。石母田正が「アジア的生産様式」の項目を執筆していることなども判明する。

ところで、オンラインコンテンツは多くの場合、その内容が冊子体と完全に一致していない。ジャパンナレッジの『国史大辞典』でも、ウェブへの掲載許諾を得られなかった項目は新たに執筆され、また、前述のとおり別刷図版の画像も一部しか掲載されていない。四三の別刷図版は、「別刷図版標題名一覧」がサイトに掲載されているが、内容が改訂された項目名は不明である。このため、ジャパンナレッジから引用するときは、「ジャパンナレッジ『国史大辞典』」や「『国史大辞典』（ジャパンナレッジ）」などウェブコンテンツからの引用であることを明記したほうがよい。

そして、最も大事な点として、『国史大辞典』刊行後に、その項目を抽出してテーマごとに編纂した一冊ものの辞典（「国史チルドレン」コラム②参照）が多く出版され、項目の内容や参考文献が修正・追記されていることがある。つまり、情報が新しいのは「国史チルドレン」にあたる辞典の項目であり、ジャパンナレッジが提供する「親」の『国史大辞典』の項目ではない。

ゆえに、安易にジャパンナレッジのみで調べを終わらせず、研究の進化を念頭に置き、新しい辞典や論文も参照するように心掛けたい。

注

（1）「書籍版『国史大辞典』について」ジャパンナレッジ『国史大辞典』。https://japanknowledge.com/contents/kokushi/about.html

（2）ニッポン書物遺産「国史大辞典」第1回（前田求恭）（ジャパンナレッジ）。https://japanknowledge.com/articles/blogheritage/kokushi/1.html

（3）週刊朝日編『値段の明治大正昭和風俗史』朝日新聞社、一九八一年、同『新・値段の明治大正昭和風俗史』朝日新聞社、一九九〇年。

（4）『読売新聞』一九九七年十一月十八日東京夕刊一一頁。オフセット印刷については、ニッポン書物遺産「国史大辞典」第5回（前田求恭）（ジャパンナレッジ）にも詳しい。

https://japanknowledge.com/articles/blogheritage/kokushi/5.html

（5）物故者が中心であるが、一巻には「赤堀四郎」「一万田尚登」など刊行時に存命だった人物も含まれていた。

（6）丸谷才一「しぶしぶ批判する」『国史大辞典付録　史窓余話』第一五巻上、一九九六年、角田文衞「望蜀の想い」同『史窓余話』第一五巻下、一九九七年。

（7）耽羅については、坂本太郎・家永三郎・井上光貞・大野晋『日本書紀』下（日本古典文学大系新装版、岩波書店、一九九三年）の継体天皇二年十二月条の補注（五四四頁）に、耽羅の訓として「タムラ」と「トムラ」の二訓が伝えるが、「耽」を「タムと訓むのが正しく、トムと訓むのは誤った類推にもとづく訓みである」という解釈のもと、「タムラ」と傍訓することにしている。小学館の日本古典文学全集『日本書紀』でも、該当部分は「たむら」と訓んでいる。

（8）ジャパンナレッジでは冊子の項目五万四〇〇〇に加えて、中見出し約四〇〇〇も検索対象としたため、五万八〇〇〇項目が検索できる（「JK版国史大辞典（国史大辞典WEB）について」ジャパンナレッジ『国史大辞典』）。https://japanknowledge.com/contents/kokushi/feature.html

コラム①　大辞典が編まれた時代

巻末【辞書年表】をみると、『角川日本地名大辞典』全五一冊、『国史大辞典』全一七冊、『日本歴史地名大系』全五一冊の刊行が開始されたのは、昭和五十三（一九七八）年から翌五十四年に集中していることがわかる。また、その少し前、昭和四十年代から河出書房新社の『日本歴史大辞典』増補改訂版が、昭和五十年代に入ると近藤出版社の『日本史小百科』の刊行が始まっている。

昭和四十年代は「百科事典ブーム」であると同時に「日本史ブーム」であり、中央公論社の『日本の歴史』別巻とも全三一冊が約四〇万部のベストセラーとなった。『国史大辞典』発行の背景にも「日本史ブーム」と「信頼できる歴史辞典がほしいという学界、読書界からの強い要望」があったという(1)。

だが、ブームの担い手について、当時の『朝日新聞』の記事（一九六五年三月二日東京夕刊五頁「日本史ブームその背景」）は、戦前の反省から主観を排した実証主義的立場での歴史教育への反発が、この時代の日本史ブームにつながったという専門家の意見を載せる。歴史科学に依拠する執筆者と興味本位や日本の大国意識から歴史を受け入れようとする読者との対比は、今日でも見過ごすことができない重要な問題を投げかけている。

注

（1）ニッポン書物遺産「国史大辞典」第1回（前田求恭）（ジャパンナレッジ）https://japanknowledge.com/articles/blogheritage/kokushi/1.html

コラム ②　『国史大辞典』の子どもたち

吉川弘文館では『国史大辞典』の完結と前後して、テーマ別の辞典を出版している。これらの多くは、『国史大辞典』から抽出した項目と新規項目から成るが、『国史大辞典』の項目は改訂されている場合がある（原則、物故者でなければ同じ執筆者が改訂したものとされる）。このような『国史大辞典』を親にもつ辞典を、ここでは便宜的に「国史チルドレン」と呼んでおく。チルドレンの一覧は二九頁に挙げたとおりである。

これらの辞典は、どの項目が『国史大辞典』の改訂で、どの項目が新規追加なのか記されていない。また、前述のように、ジャパンナレッジ収録の項目は、チルドレンに掲載されている改訂項目ではなく、親の『国史大辞典』の項目である。したがって、新たな研究成果を得るためには、結局、以下に挙げる国史チルドレンを手に取る必要がある。

試みに、『国史大辞典』と国史チルドレンの比較を二例挙げたい。

・『日本仏教史辞典』との比較

「東大寺」の項目はともに堀池春峰の執筆であるが、『国史大辞典』で「弘仁十二年（八二一）」二月の空海の提唱による真言院の創建を、『日本仏教史辞典』では「弘仁十三年（八二二）」と修正している（七七一頁上段）。『国史大辞典』の「真言院」の項目（平岡定海執筆）がこのことを弘仁十三年としているので、弘仁十三年が正しく、誤りを修正したと考えられる（『類聚三代格』巻二所収の官符に基づくとみられる）。

同様に「東大寺」のなかの「三月堂」の項目末尾の参考文献欄では、『国史大辞典』にはなかった山岸常人論文が追加されている。

・『対外関係史辞典』との比較

鈴木靖民執筆の「留学生」（るがくしょう）をみてみたい。『対外関係史辞典』には、『国史大辞典』には見られない「二〇〇四年、中国西安で墓誌が発見された井真成もいる。」の文言が加えられ、参考文献欄にも『遣唐使の見た中国と日本―新発見「井真成墓誌」から何がわかるか』（朝日選書）が追記されている。『国史大辞典』刊行後に発見された井真成墓誌についての記述と、それに関する文献を加えたものである。

【『国史大辞典』の子どもたち】　＊いずれも吉川弘文館刊行

鈴木敬三編『有識故実大辞典』（一九九六年）
今泉淑夫編『日本仏教史辞典』（一九九九年）
加藤友康・由井正臣編『日本史文献解題辞典』（二〇〇〇年）
瀬野精一郎編『日本荘園史大辞典』（二〇〇三年）
丸山雍成・小風秀雅・中村尚史編『日本交通史辞典』（二〇〇三年）
薗田稔・橋本政宣編『神道史大辞典』（二〇〇四年）
峰岸純夫・片桐昭彦編『戦国武将・合戦事典』（二〇〇五年）
大石学編『近世藩制・藩校大事典』（二〇〇六年）
田中健夫・石井正敏編『対外関係史辞典』（二〇〇九年）
丸山伸彦編『日本史色彩事典』（二〇一二年）
瀬野精一郎監修・吉川弘文館編集部編『花押・印章図典』（二〇一八年）
米田雄介編『令和新修歴代天皇・年号事典』（二〇一九年）（昭和天皇までは改訂・追加項目なし）
平野邦雄・瀬野精一郎編『日本古代中世人名辞典』（二〇〇六年）
竹内誠・深井雅海編『日本近世人名辞典』（二〇〇五年）
臼井勝美〔ほか〕編『日本近現代人名辞典』（二〇〇一年）

【孫世代】

鳥海靖編『歴代内閣・首相事典』（二〇〇九年）
『国史大辞典』『日本近現代人名辞典』より採録
今泉淑夫編『事典日本の名僧』（二〇〇五年）
『国史大辞典』『日本仏教史辞典』より採録
『奈良古社寺辞典』（二〇〇九年）・『京都古社寺辞典』（二〇一〇年）・『鎌倉古社寺辞典』（二〇一一年）
『国史大辞典』『日本仏教史辞典』『神道史大辞典』収録の社寺項目に地図や史跡一覧などの付録をつけてハンディサイズに再編

2 「愛」から始まる『日本史大事典』

出版社 平凡社　刊行年 一九九二―九四年　冊数 七冊

項目数 約二万五〇〇〇　執筆者数 約二七〇〇人（各項に記名）

配列 ヨミの五十音順　索引 有（第七巻）　判型 A4変型判　縦書き

刊行時の価格（第一巻）期間限定の特価一万三八〇〇円、定価は各巻一万五〇〇〇円（税込）

歴史 平凡社の創業八〇周年を記念して、既刊の『大百科事典』の日本史に関する項目をもとに約七〇〇〇項目を追加した。

- **特徴**――読みやすい、わかりやすい

固有名詞、史料用語、学術用語には振り仮名を振り、一般読者も読みやすくしたという特徴があり、『国史大辞典』と比べて判型も大きく、文字も大きい。記述の詳しさや出典の掲載、参考文献の数は『国史大辞典』ほどではないが、『大百科事典』をもとにしているため初心者向けにわかりやすくまとめられている。

現在多くの図書館で『国史大辞典』が所蔵されているのに対し、『日本史大事典』は中央館にはあるが分館にはないところが多いのは残念である。第一巻の初めの項目は「愛」。「愛」から始まる辞典

として、『国史大辞典』と引き比べる辞典として親しんでほしい。
『国史大辞典』と同様に、図版（約四〇〇〇点）や一覧表は各項目内に収録されている。また、前近代の女性名が音読みである点も同じである。『国史大辞典』にはない項目として「アルジェリア」「アーキビスト」などがあるようだ(1)。

•活用方法——『国史大辞典』が難しい場合・読み方を知りたい場合

「特徴」に挙げたように、『国史大辞典』よりも活字が大きく、ルビも多いので読みやすい。とりあえず『国史大辞典』を見てみたものの、専門用語が多くて難しく感じたら、こちらの事典をみてみよう。

•豆知識——巻頭カラー図版

索引巻を除く第一巻から第六巻の巻頭には、黒田日出男監修のテーマ別カラー図版が複数頁にわたり掲載されている。いずれも絵巻物を中心とする絵画史料から古代・中世・近世の社会を紹介する内容である。授業での活用や、図書館のレファレンスにも便利に使えると思われるので、各巻のテーマと掲載史料名を拾ってみた（巻末の参考資料1）。

注

（1）宮治一雄「日本とアルジェリアと私」『月刊百科』三六四、一九九三年二月、安藤正人「アーカイブズと歴史学」『月刊百科』三六九、一九九三年七月。

3

史料集めに便利
『平安時代史事典』

編者 角田文衞監修、財団法人古代学協会・古代学研究所

出版社 角川書店　**刊行年** 一九九四年　**冊数** 三冊　本編（上・下二冊）、資料・索引編一冊

項目数 約二万一〇〇〇　**執筆者数** 一〇二四人（各項に記名）

配列 ヨミの五十音順　**索引** 有（資料・索引編）

収録範囲 延暦十三年（七九四）から建久三年（一一九二）までだが、平安時代に関連する重要事項は八世紀半ばから十三世紀半ばまでを含む。　**判型** B5判　**縦書き**

刊行時の価格 全三冊五万二〇〇〇円（税込）

歴史 平安時代史の研究成果の整理と振興のため、一九七一年に編纂が企画され、二十三年を経て、平安遷都一二〇〇年にあたる年に刊行された。二〇〇六年にはCD－ROM版[1]が発売されたが、対応するOSがWindowsXPまでなので、図書館で所蔵していてもあまり使う機会がないであろう。

・特徴――豊富な人名・地名項目

平安遷都の七九四年から源頼朝が征夷大将軍に任命される一一九二年まで、平安時代は約四〇〇年間続く長い時代である。貴族の日記である古記録《こきろく》には、多くの人名や地名が現れ、儀式や作法などの有職故実《ゆうそくこじつ》（有識故実《ゆうしょくこじつ》）への言及もある。このため、本書の特徴は人名・地名、有職故実の項目の充実である。

人名項目では、天皇、女院《にょいん》、親王、内親王、公卿《くぎょう》、勅撰八代集歌人が網羅的に採録され、女性は約一九〇〇人を収録する。(2) 女性名には妥当と思われる訓読みが付され、音読みの『国史大辞典』との違いを明確にする。三巻目の資料・索引編には「伊勢斎宮表《いせさいくう》」「賀茂斎院表」「女院表」「歴代皇妃表」「主要官女表」があり、後宮《こうきゅう》人名の充実が特徴と言える。また、歴史や文学など平安時代の研究に関わる研究者名が物故者に限り採録されている。

地名項目の国郡名や国宝指定の文化財などが網羅的に採録されている。

衣装や調度品、年中行事など有職故実の項目は、本編のほか三巻目の資料・索引編の巻頭に『類《るい》聚雑要抄《じゅうざつようしょう》』『輿車図考《よしゃずこう》』附図のカラー図版と『院宮及私第図《いんぐうおよびしていず》』の白黒図版があり、衣装や調度品などが視覚的にわかりやすい。有職故実については、4『**有識故実大辞典**』との併用を勧める。

巻頭（上巻）には角田文衛による「総説」があり、平安時代の時代区分や平安時代史、平安京に関する知識を得ることができる。平安時代に限定した詳細な概説は他の辞典にはなく貴重である。

・活用方法――基本史料を調べる

日本史の授業での研究発表や卒業論文作成時には、基本的な史料を読解する必要がある。本書は、各項目の末尾に参考文献とあわせて史料欄が設けられているため、項目名に関する基本史料を知ることができる。

例えば「大江朝綱」（おおえのあさつな）の項目末尾の史料欄には次のようにある。

『史料』一ノ三、九三六頁、一ノ六、一一六頁、一ノ一〇、二八八・三七七頁以下、『補任』天暦七～天徳元年条、『分脈』四ノ九二頁、『江談抄』二・四～六、『今昔』二四ノ二七、『著聞集』一〇八・一〇九

巻頭の凡例をみれば、『史料』は『大日本史料』、『補任《ぶにん》』は『公卿補任』、『分脈《ぶんみゃく》』は『尊卑《そんぴ》分脈』、『今昔《こんじゃく》』は『今昔物語集』、『著聞集《ちょもんじゅう》』は『古今著聞集』であることがわかる。『史料』一ノ三、九三六頁は、『大日本史料』第一編之三の九三六頁を表す。それぞれの該当部分をみれば、朝綱についての基本史料を容易に集めることができる。

律令国家の正史である六国史が編纂されなくなった後、平安時代には多くの古記録や古文書、儀式書、物語や説話集などが残されているものの、これらを網羅的・体系的に整理したものはない。『大日本史料』や古記録、『平安遺文《いぶん》』などは東京大学史料編纂所のデータベースでも検索できるが（第三章（二））、検索結果のすべてが基本的な史料というわけではない。この点で本書の史料欄は基本史料に効率よくアクセスできる重要な情報源である。平安時代について、または平安時代に遡れる儀式

や年中行事などを調べる場合は必見である。

注

（1）見出し五十音別検索、見出し入力検索、分類検索、全文検索の四機能がある。

（2）収録人数は角田文衞「望蜀の想い」（『国史大辞典付録　史窓余話』第一五巻下、一九九七年）に拠る。

4

故実を通史的に調べるなら『有識故実大辞典』

編者 鈴木敬三　**出版社** 吉川弘文館　**刊行年** 一九九六年　**冊数** 一冊

項目数 三二〇〇[1]　**執筆者数** 一〇五人（各項に記名）

配列 ヨミの五十音順　**索引** 有　**判型** 四六倍判（B5判）　**縦書き**

刊行時の価格 一万八〇〇〇円（税別）

歴史 『国史大辞典』の項目から年中行事や儀式作法、服飾、調度などの有職故実に関する内容を抽出するとともに、新規項目を追加した「国史チルドレン」の最初。ただし、編者は『国史大辞典』の有職故実関連の項目を八〇〇以上執筆し（項目数はジャパンナレッジ『国史大辞典』の執筆者検索より）、当初から有職故実専門の辞典の刊行を念頭に置いて項目を撰定していたというから（序文）、編者の着地点がこの辞典にあったことがわかる。

・**特徴——豊富な図版**

有職故実というテーマから、服飾や武具、馬具などの豊富な図版が特徴となる。本文中の多くの図版には出典が記されるから、出典記載のないものは編者作成とみるべきであろう。色に関わる説明（「装束《しょうぞく》の色の種類」「重ねの色目《いろめ》」）や組紐《くみひも》、牛車《ぎっしゃ》、そして編者の専門とした甲冑《かっちゅう》については巻末にカラー図版が挿入されている。

項目末尾の参考文献は、多くは『国史大辞典』と同様とみられ、古典的な研究書や『古事類苑《こじるいえん》』、『大内裏図考証《だいだいりずこうしょう》』『皇室制度史料』などの基本史料が挙げられている。有職故実の伝統的な研究を把握するには十分であるが、近年の学際的研究にアプローチするには新しい論文を探す必要があろう。

・**活用方法——通史的に有職故実を調べる**

朝廷や武家の儀式、作法、年中行事などを通史的に調べる際に必ず引くべき辞典である。3『平安時代史事典』がカバーできていない中世以降についても記述のある点が特徴となる。

・**類書**

有職故実は平安時代の貴族社会で発展するため、3『平安時代史事典』と引き比べる必要がある。年中行事についての類書として次の二つを挙げる。

a加藤友康〔ほか〕編『年中行事大辞典』吉川弘文館、二〇〇九年
b阿部猛・義江明子・相曽貴志編『平安時代儀式年中行事事典』東京堂出版、二〇〇三年
bは平安時代の儀式が中心であるが、記述は3・4よりは詳しい。
官職を調べる際の類書には次のものがある。
c阿部猛編『日本古代官職辞典』増補改訂、同成社、二〇〇七年、初版は一九九五年高科書店刊
d和田英松著・所功校訂『新訂官職要解』講談社（講談社学術文庫）、一九八三年
このほか、4の編者による次の本がある。
e鈴木敬三『有識故実図典：服装と故実』吉川弘文館、一九九五年
一九五〇年に河原書店より刊行された『服装と故実―有識故実図解―』の改訂版。小項目を五十音順に並べた辞典ではなく、男装、女装のそれぞれの服飾を中心に図を加えて解説したもので、辞典の項目よりも詳しいのが特徴である。

注

（1）　吉川弘文館ウェブサイト。

5
史料について調べるなら『日本史文献解題辞典』

編者 加藤友康・由井正臣　出版社 吉川弘文館　刊行年 二〇〇〇年　冊数 一冊
項目数 約四七〇〇　執筆者数 約一〇〇〇人（各項に記名）
配列 ヨミの五十音順　索引 有　判型 四六倍判（B5判）
刊行時の価格 二万円（税別）
歴史 『国史大辞典』から文書・記録・典籍・金石文や近代の新聞、雑誌などに関わる項目を抽出した。改稿・追加の項目もあるが、どの項目かは明らかではない。

・特徴――史料を知るための一冊

歴史学研究において、史料の性格や良いテキストを知ることは重要である。本書は史料の成立年、編者、性格など基本的な情報を把握できるとともに、写本や刊本、複製本を知る際にも便利である。『公衡公記《きんひらこうき》』は『管見記《かんけんき》』の一部であるなど、古記録には複数の呼び名があるものも多く、ヨミで引いても探せない場合がある。この場合、巻末索引が便利である。巻末には「典籍索引」「人名索引」「事項索引」があるが、史料名から引く場合は「典籍索引」を使う。頭字の音読みの五十音順で配列されているため、探したい史料名のヨミ―例えば「寧楽遺文」―がわからなくても、頭字の「寧」を

「ネイ」と読み「ね」のところをみると、該当頁を探すことができる。ヨミも「ならいぶん」であることがわかる。「人名索引」もあるので、編者名などから探すことができる。

また、『群書類従《ぐんしょるいじゅう》』『史料大成』『日本古典全集』などの叢書名の項目には、収録された書名の一覧が掲げられているので、書名を索引から引けばどの叢書の何巻に収録されているかわかる。なお、この機能に特化した類書に『全集・叢書細目総覧』がある（「類書」項参照）。

・活用方法——史料そのものを知る・諸本や複製本を知る

現存する諸本や複製本の情報は、「日本古典籍総合目録データベース」（国文学研究資料館）でも調べられる。しかし、解説がないため諸本の価値や系統などの関係性がわからない。また、検索結果には複数の書誌情報が表示されるため、内容を精査しなければならない。本書はこれらを簡潔に説明しているので、まずは本書で史料や諸本の基礎を知り、そのあとデータベースで所蔵機関や画像データの有無を調べるのが効果的であろう。

・漢籍は不十分

収録された書名について、凡例の編集方針には、「『国史大辞典』より項目を適宜抽出し再録した。（中略）新たに加えた項目もある」と記されるのみで、日本以外で編纂された史料、文学作品、叢書などの収録範囲についての基準が示されていない。

漢籍の収録は僅かで、『漢書《かんじょ》』や『魏書《ぎしょ》』、『唐書《とうじょ》』は立項されるが、『晋書《しんじょ》』『宋書《そうじょ》』『隋書《ずいしょ》』などの項目はない。朝鮮史料は『三国遺事』は立項されているが、『三国史記』や『高麗史《こうらいし》』、『朝鮮王朝実録』の項目はない。親である『国史大辞典』には、『晋書』『宋書』『隋書』『三国史記』『高麗史』『朝鮮王朝実録』も立項されているから、本書が漢籍を積極的には収録していないことがわかる。漢籍については、後述の7『**対外関係史辞典**』や神田信夫・山根幸夫編『中国史籍解題辞典』（燎原書店、一九八九年、ただし朝鮮史料は未収録）などを引くのがよいであろう。

・類書

日本史の史料を解説した類書として以下の本を挙げておく。

a竹内理三・滝沢武雄編『史籍解題辞典』新装版、上巻（古代中世編）・下巻（近世編）東京堂出版、一九九五―九九年

b『国史大系書目解題』上巻・下巻、吉川弘文館、一九七一―二〇〇一年
（上巻）坂本太郎・黒板昌夫編、（下巻）皆川完一・山本信吉編
『新訂増補国史大系』収録の史料名については、この解題が詳しいので参照する必要がある。とくに諸本の系統や研究史が充実している。

c国立国会図書館専門資料部編『全集・叢書細目総覧』第一巻・続・索引、紀伊国屋書店、一九八九年、三冊

特定の書名がどの叢書に含まれているのかを探すのに便利である。ただし史料についての解説はない。

d佐藤信・小口雅史編『古代史料を読む』上（律令国家篇）・下（平安王朝篇）同成社、二〇一八年
辞典ではないが、初心者向けに古代の史料の概要を説明している。

・仏典を調べる

調べる史料が仏典であれば次の本が参考になる。

e小野玄妙編『仏書解説大辞典』全一五冊、大東出版社、一九八一―八八年
一九三三―三五年刊の初版（全一一冊）に収録された約六万五〇〇〇の仏典（凡例では「邦語漢語仏教典籍」）に加え、第一二・一三巻はその後刊行された文献を収録する。別巻は「仏教経典総論」、最終巻は「著者別書名目録」である。配列は仏典のヨミの五十音順。戦前の初版と二版は国立国会図書館デジタルコレクション（コラム⑨参照）で画像が閲覧できるが、目次情報が入力されていないため、使い勝手が悪い。

f鎌田茂雄［ほか］編『大蔵経全解説大事典』雄山閣出版、一九九八年、新装版は二〇一六年
大正末から昭和初期にかけて編纂された仏典の叢書『大正新脩大蔵経』全百巻に収録される仏典について解説する。参考文献欄もあり、初学者でも読みやすい。『大正新脩大蔵経』の収録順に配列されるので、巻末の「全典籍索引」（ヨミの五十音順）から探すのがよい。

6

考古学の成果も踏まえた
『歴史考古学大辞典』

編者 小野正敏・佐藤信・舘野和己・田辺征夫　**出版社** 吉川弘文館　**刊行年** 二〇〇七年
冊数 一冊　**項目数** 三三七〇[1]　**執筆者数** 不明（各項に記名）
配列 ヨミの五十音順　**索引** 有　**判型** 四六倍判（B５判）　**縦書き**
刊行時の価格 三万二〇〇〇円（税別）
歴史 『国史大辞典』の完結から十年を経て、吉川弘文館の創業一五〇周年を記念して刊行された。遺跡や遺物、美術・工芸など現代の歴史学の資料が多様化したことを受け、「歴史考古学」の辞典として編集された。

・特徴――「国史チルドレン」ではない

進化する考古学の成果を踏まえ、『国史大辞典』の項目は用いず、全て新たに書き下ろされた点が特徴である。遺跡や遺物名の項目も多く、「飛鳥池工房遺跡（あすかいけこうぼういせき）」「井真成墓誌（せいしんせいぼし）」など『国史大辞典』以降の新たな研究成果が立項されている。

各国名の項目にある略図は、『国史大辞典』のものをもとに、それ以後の研究成果を加筆している。郡名や国府や国分寺、寺社名など基本的な史跡が地図上に示されているので便利である。

巻末付録がない点は『国史大辞典』と同じで、各種の一覧表は関連する項目内に含まれるが、目次や索引がないため全貌がわからない。そこで、本書収録の一覧表をテーマ（ゴシック体で表記）の五十音順に配列して別に掲げた（巻末の参考資料2）。学習の整理や図書館のレファレンスに参照してほしい。

・活用方法——参考文献欄の発掘報告書

各項末尾には参考文献欄があり、遺跡などの項目では発掘調査報告書が挙げられている。発掘調査報告書は、必ずしも遺跡名が書名に入っていない場合も多く検索しづらい。報告書のPDFを掲載するデータベース「全国遺跡報告総覧」（奈良文化財研究所）もあるが、掲載されていない報告書もあり、本書が的確な参考文献を挙げるのは有用である。

各項末尾には金石文《きんせきぶん》の銘文を挙げる銘文欄があり、史料集としても利用できる。ただし、「稲荷山古墳出土鉄剣（いなりやまこふんしゅつどてっけん）」の項目のように銘文欄でなく解説中に銘文を記すものもある。また、「七支刀（しちしとう）」の項目には銘文の解釈はあるが原文が記されず、「石上神宮（いそのかみじんぐう）」の項目にも「七支刀」への参照がない。

・類書

日本史から考古学分野にアプローチする際に便利な辞典を以下に挙げる。

a西谷正編『東アジア考古学辞典』東京堂出版、二〇〇七年

近年の朝鮮半島を中心とする東アジアの考古学研究の成果を踏まえ、朝鮮半島に関する項目を網羅した二三五〇項目を収録する。収録地域は東アジアだけでなく、ロシアや東南アジア諸国に及び、時代は旧石器から李朝、清代、日本では近世・近代にわたる。各項目には参考文献を付す。

b坂詰秀一編『仏教考古学事典』雄山閣、二〇〇三年（新装版二〇一五年）

紀元前五世紀を上限に、現代までの仏教考古学についての七六〇項目を掲載する。収録エリアは中国、朝鮮半島、東南アジア、インド。各項目には参考文献を付す。

注

（1）吉川弘文館ウェブサイト。

7

古代から近世までの外交を調べるなら『対外関係史辞典』

編者 田中健夫・石井正敏　出版社 吉川弘文館　刊行年 二〇〇九年　冊数 一冊

項目数 二一〇〇　執筆者数 不明（各項に記名）

配列 ヨミの五十音順　索引 有　判型 四六倍判（B5判）　横書き

収録範囲 古代から嘉永五年（一八五二）まで　＊同書凡例で「嘉永二年」とあるのは誤記

刊行時の価格　二万五〇〇〇円（税別）

歴史　『国史大辞典』刊行以後の研究の進展が著しい対外関係史について、『国史大辞典』から嘉永五年（一八五二）までの対外関係史に関わる二〇〇〇項目を選び、本文や参考文献を増訂したほか、新規に一〇〇項目を追加した。

・特徴――交流史項目の充実

『国史大辞典』刊行後に研究が進んだ対外関係史であるため、この分野を調べる場合はまずこの辞典を引くことを勧める。研究の進展を具体的に知るために、試みに編者の石井正敏の執筆項目から、『国史大辞典』にはなく本書で追加された項目を調べたところ、次のとおりであった。

伊行末／慰労詔書／円覚／大神巳井／戒覚／紀三津／金元珍／金泰廉／内蔵石女
高内弓／虎林中虔／三別抄／請来目録／新羅坊／帥升／清海鎮／井真成
存問使／大欽茂／大武芸／大宰府鴻臚館遺跡／東丹国／長岑諸近／念救／買新羅物解
賓礼／藤原元利麻呂／文室宮田麻呂／平群広成／梁職貢図／倭典

これらの中には中国や朝鮮半島、渤海と日本を往来した人々が含まれている。すなわち、交流史の進化が反映されたといえるだろう。また、「慰労詔書（いろうしょうしょ）」や「存問使（ぞんもんし）」、「賓礼（ひんれい）」など外交文書や外交儀礼に関する用語も含まれており、これらの研究も進展したことが知られる。

ただし、『国史大辞典』の項目執筆者が故人である場合に、記述に手を入れにくいのが「国史チルドレン」の特徴である。たとえば、九州の山城研究の先駆者鏡山猛（一九〇八―八四）による「怡土城（いとじょう）」「大野城（おおのじょう）」「金田城（かねだじょう）」「基肄城（きいじょう）」「鞠智城（きくちじょう）」の項目を『国史大辞典』に基づき本書が採用しているが、考古学上の新しい研究成果を説明のなかに十分に加えられないのは残念である。同様に、『国史大辞典』の家永三郎による「飛鳥文化（あすかぶんか）」の項目がそのまま引き継がれている。飛鳥池遺跡や百済王興寺《くだらおうこうじ》など飛鳥文化に関する考古学的発見は多く、参考文献の追加などはあってもよかったのではないか。

巻末には、百済・高句麗・新羅の官位表や遣隋使、遣唐使、遣明船、朝鮮王朝通信使、長崎奉行一覧などの表がある。『国史大辞典』では「こん」と読まれていた「金春秋」などの古代の金姓は「きん」と読まれるようになった。

●活用方法――人名辞典としても使える

上述のとおり、この分野を調べる場合は『国史大辞典』でなく、まずこの辞典を引くことを勧める。とりわけ、外国人名を調べられる日本史辞典のなかで解説が最も詳細と考えられる。外国人を含む人名項目の充実は、人的交流が対外関係史の基盤であることを示している。

8 自宅に置くなら『角川日本史辞典』新版

編者 朝尾直弘・宇野俊一・田中琢　出版社 角川書店　刊行年 一九九六年　冊数 一冊
項目数 約一万六〇〇〇　執筆者数 五二四人（協力者を含む・各項に記名なし）
配列 ヨミの五十音順　索引 無　判型 B６判　横書き
収録範囲 原始・古代から一九九〇年まで　刊行時の価格 三四〇〇円（税別）
歴史 初版は一九六六年の高柳光寿・竹内理三編で、一九七四年には第二版が刊行された。新たな編者のもとで作成されたのが新版である。

● 特徴――ハンディサイズ

これまで紹介してきたのは、見開きでB４サイズ以上の大きな辞典のため、持ち運べるサイズではない。これに対して、本書はハンディな日本史辞典として長年にわたり定評のある一冊である。記述は簡便で、出典や参考文献などは省略されているが、国語辞典や百科事典より日本史の用語は充実している。

書誌上は一九九六年の新版だが、実際は二〇〇四年の最新版である。これは、一九九六年の新版を刊行後、二〇〇〇年の旧石器遺跡捏造事件を受け、口絵や本文などを訂正したためである。外函やカバー、標題紙には「最新版」とあり、奥付には再版年が二〇〇四年となっているかを確認してほしい。

・類書

厚みがあり装丁もしっかりしているため、持ち運びには向かないが、簡便な日本史辞典の類書として次の二冊を紹介する。

a永原慶二監修・石上英一〔ほか〕編『岩波日本史辞典』（岩波書店、一九九九年）　菊判　横書き　一万二〇〇〇円（税別。出版社の情報では「品切れ」）

項目数は一万九〇〇〇で、簡易な辞典には珍しく項目内に図版もみられる。

b日本史広辞典編集委員会編『日本史広辞典』（山川出版社、一九九七年）　ＡＢ変型　縦書き　一万六一九〇円（税別）

四万四〇〇〇もの項目を収め、二〇〇字程度で簡潔に解説している。なお、本書から必要度の高い項目約九〇〇〇を精選したのが、日本史広辞典編集委員会編『山川日本史小辞典』改訂新版（山川出版社、二〇一六年）である。8よりもひとまわり小さく、持ち運びに便利である。

（三）人名辞典

（二）で紹介した日本史辞典にも人名項目はあるが、人名のみに特化したのが人名辞典である。ここでは日本史（とりわけ古代・中世史）を学ぶ人が使うおもな辞典を紹介したい。紹介する辞典は収録年代がそれぞれ異なる。五一頁の表を参考に使い分けてほしい。

9

『日本古代人名辞典』

奈良時代までのあらゆる人名を掲載

編者 竹内理三・山田英雄・平野邦雄　**出版社** 吉川弘文館　**刊行年** 一九五八―七七年
冊数 七冊　**項目数** 約二万二〇〇〇[1]　**執筆者数** 編者三人（各項に記名なし）
配列 第一字目の漢字のヨミの五十音順　**索引** 無（第七巻に人名の頭字索引あり）　**判型** A5判
縦書き　**収録範囲** 七八一年（天応元）までの人名。
刊行時の価格 全七巻完結時、各巻二八〇〇円[2]（第一巻は刊行当初五〇〇円）
＊三省堂『広辞林』が一九五八年には一二〇〇円、有斐閣『六法全書』が一九五七年には一〇〇〇円[3]

歴史 戦争末期に竹内理三による東京帝国大学史料編纂所の『大日本古文書』（編年）に収録された

文書群の索引カード作成が編纂のきっかけである。当初は人名・地名・件名を網羅した総索引の作成が考えられていたが、次第に人名に絞られていった。本書の刊行に先立ち、平野邦雄の勤務先である九州工業大学人文教室内におかれた古代人名辞典刊行会から謄写版の『古代人名辞典』第一巻（あ）（一九五六年）が竹内・山田・平野の編纂で作成された。『日本古代人名辞典』第七巻の「あとがき」の辞には、謄写版は「第二分冊まで刊行した」とあるが、多くの図書館の蔵書を検索しても、第二巻の存在は判明しなかった。その後、第一巻からの出版を申し出た吉川弘文館から刊行が決まり、『日本古代人名辞典』として第七巻まで刊行された。

一九五八年の第一巻刊行後、翌年に第二巻、一九六一年に第三巻が、六三年に第四巻、六六年に第五巻が順調に刊行されたが、第六巻の刊行は一九七三年、第七巻は七七年であった。第六巻の遅れについて青木和夫は、「昭和四十年代に入って、全国的にひろがった開発が、幾多の遺跡を破壊すると同時に、古代人名を含む木簡の、今日ではすでに二万点を超える出土という、思いがけぬ新史料をもたらしたためである」との見解を示す(4)。本書第七巻「あとがき」の辞では、木簡の発見に伴う人名の追加作業を編者のうち平野が担当したとある。第七巻の「増補」部分に木簡にみえる人名が多く追加されているので見落とさないようにしたい。

・特徴――すべての記事に出典が記載

『大日本古文書』（編年）の索引から出発しているため、本書は「人名辞典」と名付けているが、正倉院文書に出てくる「人名リスト」の性格が強い。戸籍掲載の人物や写経生など、略歴はほとんどわ

【人名辞典の収録年代】

9　古代人名	～781
10　氏族人名	～887
3　平安時代史	794～1192
11　古代中世	～1589
12　平安人名Ⅰ	・970
12　平安人名Ⅱ	・1000
12　平安人名Ⅲ	・1060
13　シルクロード	538～894
14　中世内乱史	1156～1597頃
14　鎌倉・室町	1156～1467
15　戦国（吉川）	1454～1590
15a　戦国（新人物）	1467～1615
7　対外関係史	～1852
16　公卿人名	～1868頃

古代人名＝日本古代人名辞典
氏族人名＝日本古代氏族人名辞典
平安時代史＝平安時代史事典
古代中世＝日本古代中世人名辞典
平安人名Ⅰ＝平安人名辞典Ⅰ
平安人名Ⅱ＝平安人名辞典Ⅱ
平安人名Ⅲ＝平安人名辞典Ⅲ
シルクロード＝新版シルクロード往来人物辞典
中世内乱史＝日本中世内乱史人名事典
鎌倉・室町＝鎌倉・室町人名事典
戦国（吉川）＝戦国人名辞典（吉川弘文館）
戦国（新人物）＝戦国人名事典（新人物往来社）
対外関係史＝対外関係史辞典
公卿人名＝公卿人名大事典

からない人物も多いが、その場合でも立項し、出典を明記するのが特徴である。すべての記述の出典を記す人名辞典は本書以外になく、辞典の記述も疑う必要がある研究者向けの辞典である。

・活用方法――略歴をほぼ網羅でき、人物年表を作成できる

平安時代を含まない点で収録範囲は広くはないが、出典は「（出版当時に）知られているあらゆる古代の文献」（凡例）であり、六国史のほか、正倉院文書、出土文字史料、中国史料や文学史料なども含まれる。したがって、奈良時代までの人物の略歴がほぼ漏れなく収録されており、年表や年譜を作るときに便利である。

すなわち、この辞典に載っていない人物の経歴を調べるのは困難といえるが、刊行から時間が経っているので、その後に発見された出土文字史料やその後の研究成果から、新たな経歴が判明する場合もあるだろう。論文を検索してその後の研究を補完することを勧める。

・注意点――ヨミはわからない

項目に人名のヨミが振られていないのも本書の特徴である。「編者の恣意を加えることなく、文献の伝えるままを伝えることにつとめ」ため（第一巻「刊行のことば」）、現代の感覚で勝手なヨミを振るのを避けたと思われる。

このため、ヨミの五十音順では辞典が引けない難点がある。項目の配列は第一字目の漢字のヨミの

五十音順である（ヨミが同じ場合は字画の少ない物から並べられている）。例えば、第一巻の冒頭は「安」「吾」「我」「阿」（いずれも「あ」と読む）の順で、それぞれの漢字から始まる人名が並べられている。巻頭に頭字索引があるので、一文字目の漢字がわかれば該当頁を知ることができる。

一文字目が同じ場合は、二文字目以降の漢字のヨミで配列されているが、冒頭から「安拝常麻呂」「安吉浄成」「安積親王」の順で並ぶ人名の二文字目「拝」「吉」「積」がなぜこの順番で並ぶのかわかりづらい。そして「安拝常麻呂」「安吉浄成」「安積親王」の人名のヨミも書かれていないので配列の正解がわからない。

巻頭の「あ」の頭字索引の「備考」欄より、「安拝」は「あえ」と読んでいることがわかる。配列から推測して「あえのつねまろ」「あきのきよなり」「あさかしんのう」と読んだのであろう。

注

（1）『日本古代人名辞典』第七巻「あとがき」の辞、『読売新聞』一九七七年十一月二十九日朝刊広告記事に拠る。ただし『日本古代氏族人名辞典』序には約二万三〇〇〇とある。

（2）前掲注(1)『読売新聞』広告に拠る。

（3）週刊朝日編『値段の明治大正昭和風俗史』朝日新聞社、一九八一年、同『新・値段の明治大正昭和風俗史』朝日新聞社、一九九〇年。

（4）青木和夫「『日本古代人名辞典』の完成」『朝日新聞』一九七七年八月七日朝刊一一頁。

10 使いやすい一冊
『日本古代氏族人名辞典』

監修者 坂本太郎・平野邦雄 出版社 吉川弘文館 刊行年 一九九〇年（普及版は二〇一〇年）

冊数 一冊 項目数 二八〇〇 執筆者数 七一人（各項に記名なし）

配列 ヨミの五十音順 索引 有（「主要難読一覧」も付す） 判型 菊判（A5判） 縦書き

収録範囲 大化前代から『六国史』の終わる仁和三年（八八七）までの人名と氏族名。官人は四位以上をほぼ網羅、その他はある程度の業績のある者を中心に選択。伝説上の人物や氏族の祖神なども一部採録した。

刊行時の価格 八八〇〇円（税込）＊普及版は四八〇〇円（税別）

歴史 9『日本古代人名辞典』の編者の一人平野邦雄が監修を務め、9が史料主義、専門家向けで一般読者に難解であったことを受け、すべての項目にヨミを付し、参考文献を載せるなど一般向けに編纂した。9にはない氏族名も拾い、平安時代の仁和三年（八八七）まで収録時期を広げた。

・**特徴**——初学者にお勧め

9『日本古代人名辞典』のような網羅性はないが、立項された人物のおもな略歴を知ることができる。規模、記述の分量などのバランスもよく、参考文献を付す項目も多く、初学者にはお勧めの一冊である。9のヨミがわからないと引けないという難点を解消するため、巻末に五十音順の索引とは別に、冒頭の漢字の画数から引く「主要難読一覧」を付すなど工夫もされている。

・活用方法――主要年譜を作成する際に便利

経歴を網羅的に集めて年表にするには9『日本古代人名辞典』がよいが、主要な経歴から年表を作るなら本書がお勧めである。また、個人名だけでなく氏族名も掲載されているので、氏族全般の性格を知る場合にも活用できる。

・注意点――収録範囲に注意

本書では調べられない人名を知っておく必要がある。律令官人は四位以上とそれ以外は業績のある者を選択的に採録しているため、六国史に名前があっても五位以下で際立った業績がない人名は載せられていない。また、9『日本古代人名辞典』では収録されていた正倉院文書などに出てくる下級官人や女性、僧侶の名前の多くは掲載されていない。9が人名リストの性格を持つのに対し、本書は辞典として解説できるに足る（ある程度の略歴がわかる）人物を採録していると考えれば、略歴がほとんどわからない、史料に名前だけが見える人物が採録されていないことも納得できるだろう。

コラム③ 「背奈」から「肖奈」へ

高句麗系の渡来人でのちに武蔵守、造宮卿などを歴任する高麗福信《こまのふくしん》（高倉福信）の当初の氏姓を、『続日本紀』の写本では「背奈公福信」とする箇所と「肖奈公福信」とする箇所がある。『続日本紀』のテキストのひとつ新訂増補国史大系本では、「肖奈」を「背奈」に改め「背奈公」として解釈してきた。しかし、一九九一年の佐伯有清の論文「背奈氏の氏称とその一族」（『成城文芸』一三六）により、高句麗五部に由来する「肖奈」が正しいと指摘され、その後の文献は「肖奈」で統一されることになる。

このため、佐伯論文以前に刊行された**9『日本古代人名辞典』**や**10『日本古代氏族人名辞典』**は「背奈」の「せ」のところに項目を立てている。

1『国史大辞典』の「高麗福信」の項目も「本姓は背奈公」と記している。ジャパンナレッジの『国史大辞典』も冊子体同様なので、「背奈」で全文検索すると「高麗福信」のほか「高麗氏」「高麗郡」「高麗朝臣」「万葉集」などの項目が表示されるが、「肖奈」で全文検索してもヒットするものはない。残念なことに、二〇〇六年刊の**11『日本古代中世人名辞典』**も「肖奈」ではなく「背奈」のままで『国史大辞典』の記述を改訂せずに引き継いでいる。結局、高麗福信を「肖奈公」と紹介しているのは、**7『対外関係史辞典』**のみである。新しい研究成果が辞典に反映されにくい現状がわかる一例である。

11

国史チルドレン
『日本古代中世人名辞典』

編者 平野邦雄・瀬野精一郎　出版社 吉川弘文館　刊行年 二〇〇六年　冊数 一冊

項目数 三三三七二（古代一四八六、中世一八八六）　執筆者数 五二一人（各項に記名あり）

配列 ヨミの五十音順　索引 有　判型 四六倍判（B5判）　縦書き

収録範囲 天正十八年（一五九〇）の徳川家康の江戸入府以前を基準に、天正十七年（一五八九）までに没した人物を収録した。また、天正十八年以後に没した人物でも、中世にも活躍した人物一一八人については、続編の『日本近世人名辞典』（二〇〇五年）と重複されて掲載されている。伝承上の人物や日本文化にかかわりのある外国人なども含まれている。

刊行時の価格 二万円（税別）

歴史 『国史大辞典』の項目から、古代・中世の人名項目を抽出して一冊にまとめた「国史チルドレン」の辞典。『国史大辞典』の各項の執筆者が内容を確認し、執筆者が物故者の場合（一八八人分）は編集担当者が検討したという。内容が更新されている項目もあるとみられるが、該当項目は不明である。

・**注意点**――『国史大辞典』を引継ぐ

『国史大辞典』から抽出した項目については、市町村合併や町名変更の結果を更新したり、内容を見直して全面的に書き直された項目もあるが、[1]二〇〇四年に発見された「井真成墓誌《せいしんせいぼし》」にみえる井真成は含まれず、項目の追加はなかったとみるべきだろう。

参考文献欄への追加は僅かに見えるが、ほとんどは『国史大辞典』のままの印象を受ける。『国史大辞典』第一巻の刊行から二三年が経っているだけに、参考文献だけでも積極的に更新すれば、本書の存在価値は倍増したであろう。「金春秋」ら古代の金姓も『国史大辞典』のヨミを踏襲して「こん」としており、「高麗福信」の項目ではコラム③で記したように、古い説のまま「背奈」の記載がある。

・活用方法――『国史大辞典』からの修正があれば活用

「注意点」に記すように、刊行年が新しい割には『国史大辞典』からの変化がほとんど感じられないため、積極的な活用方法を示すことができない。ただし、『国史大辞典』の項目が書き直された部分もあるようなので、両者を比べて新たな情報があれば有効に使うのがよいであろう。

注

（1）瀬野精一郎「『日本古代中世人名辞典』の編集を担当して」『本郷』六七、二〇〇七年。

12

その年に生存していた人名を集めた『平安人名辞典』シリーズ

編者 槙野廣造　出版社　刊行年　冊数 各巻で異なる（後掲Ⅰ〜Ⅲ参照）
項目数 各巻とも記載なし　執筆者数 著者一人
配列 独自の区分に拠る　索引 有　判型 ⅠはA5判、Ⅱ・ⅢはB5判
収録範囲 各巻で異なる（後掲Ⅰ〜Ⅲ参照）
刊行時の価格 各巻で異なる（後掲Ⅰ〜Ⅲ参照）
歴史 独自のスタイルで、これまで次の三件五冊が刊行されてきた。

Ⅰa『平安朝日記に記述されたる人物の研究　資料　そのⅠ　天禄元年（九七〇）人名辞典』一九七八年一月、頒価一五〇〇円
Ⅰb『平安朝日記に記述されたる人物の研究　資料　そのⅠ　天禄元年（九七〇）人名辞典（僧侶）』一九七八年九月、非売品
Ⅱ『平安人名辞典　長保二年』高科書店、一九九三年、一万八〇〇〇円税込
Ⅲa『平安人名辞典　康平三年（上）』和泉書院、二〇〇七年、一万八〇〇〇円税別
＊「皇族」「一般男子」「姓不明者」を収録
Ⅲb『平安人名辞典　康平三年（下）』和泉書院、二〇〇八年、一万二〇〇〇円税別
＊「僧侶」「女性」を収録

・特徴——独自の構成

本シリーズは、藤原道長に焦点を絞り、道長幼少期の天禄元年（九七〇）、左大臣・内覧の要職に

あった長保二年（一〇〇〇）、没後三年の長元三年（一〇三〇）、摂関時代の終末期の康平三年（一〇六〇）のそれぞれの時点で生存していたと思われる人物を収録した独自のスタイルによる人名辞典である。長元三年（一〇三〇）は現在のところ未刊であり、既刊は上記の三種五冊である。

生存が確実視される人名の冒頭には印《しるし》が付され、わかる場合には当時の年齢も付されている。すべての経歴が示されるのでなく、特定の時期における地位や活躍を知るための辞典である。

ⅠⅡⅢとも「皇族」「一般男子」「姓不明者」「僧侶」「女性」から構成されている。記述が多いのは「一般男子」と「僧侶」であり、この二つが柱となっていると言えよう。

配列は「一般男子」は姓のヨミによる五十音順、「姓不明者」「僧侶」「女性」も一字目の音読の五十音順で引きやすいが、「皇族」の部は、さらに天皇・親王・内親王・王・女王の各項で構成された上で、一字目の音読五十音順に配列されている。このため、親王・内親王・王・女王が明確に区別できていないと引きづらい。また、姓は初出者にはヨミが振られているが、名にヨミはないため、多くの人名のヨミがわからない。「皇族」の部では3『平安時代史事典』のヨミが参考までに付されている。

・活用方法――平安時代の僧侶名・女性名が充実

平安時代の僧侶や女性を一覧できる点で他の辞書にはない特徴を持つ。僧侶の解説部分の出典に挙げられている史料には、『尊卑分脈』『僧綱補任』『維摩講師研学竪義次第』『本朝高僧伝』『日本仏家人名辞書』などがある。

本書は特定の年代の生存者を抽出した人名リストである。項目には特定年の前後の略歴が記されるのみで、一生涯の略歴を記すものではない。すなわち、同時代のさまざまな人物の動向を知るのに便利なので、Ⅰ～Ⅲの時期に合う古記録を読む際に活用できる。

・類書

摂関期・院政期の人名を多く収録する辞典として次のものを挙げる。

a　3『平安時代史事典』（前述のとおり）

b　阿部猛編『日本古代人名辞典』東京堂出版、二〇〇九年　＊9と同じ書名なので注意

鎌倉の源頼朝政権成立頃までの人物（伝承上の人物も含む）約一万三〇〇〇人を収録する。解説は12シリーズよりも簡略であるが、12と異なりヨミの五十音順のため引きやすい。

13　対外交流史研究には必携 『新版シルクロード往来人物辞典』

編者　東大寺教学部　出版社　昭和堂　刊行年　二〇〇二年（初版は同朋舎一九八九年刊）

冊数　一冊　項目数　二二三五　執筆者数　一一人（各項に記名なし）

配列　往来をめぐってとくに活躍した年代順　索引　有　判型　B6判　横書き

収録範囲 シルクロードを往来し、文化交流とりわけ仏法東漸に尽くした人物について、インド・中国間の往来者は前漢の張騫《ちょうけん》の西域行（前一三九年頃）から唐末（九〇七年）まで、日本への往来者は仏教公伝（五三八年）から遣唐使の停止（八九四年）までを収録する。

刊行時の価格 二八〇〇円（税別）

歴史 同朋舎刊行の初版（一九八九刊）は、一九八八年の東大寺の「シルクロード仏教フェスティバル」の一環として、大仏殿で「シルクロード往来有縁無縁者追善大法要」が行われ、一部の往来者の過去帳が奉読されたことを記念して出版された。それから一三年を経て、大仏開眼一二五〇年を記念して昭和堂が新版として再刊した。

●特徴――来日しなかった人名も収録

近年の対外交流史の研究の進化のなかで生まれた辞典である。従来の辞典では、外国人は日本での活躍が見られる人を中心に立項してきたのに対し、本書は来日したあらゆる外国人や外国に出た日本人、また、来日していない外国人も立項している点が特徴である。外国人や外国僧について充実した人名辞典は少なく、類書がない分野であるためその存在価値は高い。解説の文字数は多くはないが、出典が明記され、初学者だけでなく研究者にも有用である。

インド・中国間の往来者（Ⅰ・Ⅱ部）、日本との往来者（Ⅲ・Ⅳ部）で構成される。Ⅰ・Ⅱ部には来日していなくても、高僧として知られた人物や新羅《しらぎ》や渤海《ぼっかい》からの遣唐使、唐への留学生・留学僧、唐から周辺諸国へ派遣された使者などの名前と出典とが掲載され、貴重な情報源となる。各部の冒頭には解説文である「概観」が記されている。

・活用方法――巻末索引から引く

人名は往来の年代順に四部に分かれて配列されるので、巻末の五十音順索引を使い、調べたい人名を検索する場合が多い。また、年代順配列を生かして、同時期に往来した人物を一覧できる特徴もある。

14

内乱別の人名辞典
『日本中世内乱史人名事典』

編者 佐藤和彦・樋口州男・錦昭江・松井吉昭・櫻井彦・鈴木彰 出版社 新人物往来社
刊行年 二〇〇七年 冊数 三冊（上巻・下巻・別巻）
項目数 （上・下巻）八〇三 執筆者数 （上・下巻）六四人（各項に記名）
配列 内乱ごとにヨミの五十音順 索引 有（下巻）＊項目索引とみられる 判型 A5判 縦書き
収録範囲 （上巻）保元元年（一一五六）の保元の乱から康暦元年（一三七九）の康暦の政変と、蝦夷地から対馬・琉球・明・高麗を含む一五世紀までの対外交渉史。
（下巻）明徳二年（一三九一）の明徳の乱から明応二年（一四九三）の明応の政変までと、一六世紀以降、秀吉の朝鮮出兵までの蝦夷地・陸奥・出羽・明・朝鮮を含む対外交渉史。

刊行時の価格（上・下巻）各一万二六〇〇円（税込）、（別巻）一万五七五〇円（税込）

歴史「内乱の時代」と言われる中世に生きた人々に光をあてる辞典として編纂。編者の中核であった佐藤和彦の古稀記念のひとつとして二〇〇四年に企画されたが、二〇〇六年に佐藤が逝去し、翌年の古稀を祝えないままの刊行となった。別巻には別に企画・編集を進めていた佐藤ほか編の『日本中世人物総覧』（仮題・未刊）の一部を転載した「地頭一覧」、「中世日本主要画家・彫刻家一覧」、「戦国大名家婚姻関係表」などの表が収録されている。

・特徴――内乱別の人名一覧

各章にはそれぞれの内乱についての概説があり、その後にヨミの五十音順で人名辞典が付されている。収録人数や出典記載の少なさや、各項に参考文献がない点（下巻末に一覧）などに不満は残るが、対外交渉史も含むため、外国人名も僅かながら掲載されている。内乱ごとという構成から、例えば蒙古襲来の際の人名について外国人も含めて一覧できるのは有益である。

・類書――中世前期の人名辞典

安田元久編『鎌倉・室町人名事典』新人物往来社、一九八五年、コンパクト版一九九〇年

保元元年（一一五六）の保元の乱から応仁元年（一四六七）の応仁の乱までの三〇〇年間に歴史

に名をとどめた人物約三五〇〇項目を収録する。出典の記載がほとんどなく、巻末索引や付録もない。

15

十五・十六世紀東国の人名を調べるなら
『戦国人名辞典』

編者 戦国人名辞典編集委員会　出版社 吉川弘文館　刊行年 二〇〇六年
冊数 一冊　項目数 四二〇〇(1)　執筆者数 一二七人（各項に記名）
配列 ヨミの五十音順　索引 有　判型 菊判（A5判）　縦書き
収録範囲 享徳三年（一四五四）の享徳の乱勃発から天正十八年（一五九〇）の北条氏滅亡までに活躍した人物で、相模・武蔵・安房・上総・下総・常陸・上野・下野・三河・遠江・駿河・伊豆・甲斐・信濃・越後を中心とした東国地域の人物やこれらの地域を往来した人物。
刊行時の価格 一万八〇〇〇円（税別）
歴史 激動の時代を生きた多くの人々をできるだけとりあげて、その経歴をなるべく詳細かつ具体的に示すことを目的に企画された。「序」には残された課題として、対象が関東・甲信越・東海地方になり、畿内の武将や西国大名、奥羽の大名を含めなかったことが挙げられている。

● **特徴――地方史文献を多く紹介**

項目内の記述には、出典はほとんど挙げられていない。ただし、項目末尾の参考文献欄には、自治体史や地方史文献が多く収録され、掲載巻（掲載頁の場合もある）も記されているため、出典や関連史料へのアクセスに便利である。

●類書──中世後期の人名辞典

a阿部猛・西村圭子編『戦国人名事典』新人物往来社、一九八七年、コンパクト版一九九〇年

応仁の乱以後、元和元年（一六一五）の豊臣氏の滅亡までの約八〇〇〇人を収録するが、出典記載はほとんどなく参考文献もない。

b山本大・小和田哲男編『戦国大名系譜人名事典』東国編・西国編、新人物往来社、一九八五―八六年

戦国大名について、「系譜と事歴」「系図」「当主および主要人名事典」で構成される。東国編には、南部・津軽・大崎・留守・葛西・伊達・蘆名・相馬・畠山などの大名が、西国編には、佐々・越後長尾・神保・椎名・能登畠山・前田・朝倉・若狭武田・金森などの大名を収録する。出典の記載や参考文献はない。

c山本大・小和田哲男編『戦国大名家臣団事典』東国編・西国編、新人物往来社、一九八一年、二冊

各大名の概説にあたる「家臣団構成」と「家臣団人名事典」で構成される。東国編には葛西・大崎・蘆名・伊達・最上・佐竹・結城・里見・上杉・足利・後北条・今川・小笠原・武田・松平の大名家が、西国編には斎藤・羽柴・畠山・六角・浅井・細川・山名・赤松・宇喜多・毛利・大内・長宗我部・大友・龍造寺・相良・島津・朝倉・尼子の大名家が収録される。古文書などの出

典記載はあるが、一人ごとの説明内容は少ない。参考文献はない。

d谷口克広『織田信長家臣人名辞典』第二版、吉川弘文館、二〇一〇年

初版は高木昭作監修・谷口克広著の一九九五年刊。各項目には出典の記載あり。参考文献は巻末に記載。

e柴辻俊六・平山優・黒田基樹・丸島和洋編『武田氏家臣団人名辞典』東京堂出版、二〇一五年

各項目の出典記載あり、参考文献の記載はない。

f下山治久編『後北条氏家臣団人名辞典』東京堂出版、二〇〇六年

各項目の出典記載あり、参考文献は巻末に記載。

注

（1）吉川弘文館ウェブサイト。

16　江戸時代までの公卿を収録した『公卿人名大事典』

編者 野島寿三郎　出版社 日外アソシエーツ　刊行年 一九九四年（普及版二〇一五年）

冊数 一冊　項目数 家系二六〇家、公卿三七三二人　執筆者数 編者一人

配列 家系別でヨミの五十音順　索引 無（普及版には索引あり）　判型 A5判　横書き

収録範囲 明治初年までの公卿（摂関・太政大臣・左大臣・右大臣・大納言・権大納言・中納言・権中納言・参議及び三位以上とこれらに準ずる非参議の男子）

刊行時の価格 一万八八〇〇円（税込）（普及版は九〇〇〇円〈税別〉）

歴史 ペーパーコレクターで日本絵葉書会顧問という異色の肩書を持つ編者が歌舞伎関係の辞典（『歌舞伎人名事典』『歌舞伎浄瑠璃外題事典』など）を編纂した後に着手したのがこの辞典である。

・特徴――家系別が便利

鎌倉時代には藤原氏のなかから摂関を出す家系が、近衛家・九条家・鷹司《たかつかさ》家・一条家・二条家の「五摂家」と呼ばれるようになった。また、藤原師輔《ふじわらのもろすけ》の子公季《きんすえ》は閑院流《かんいんりゅう》の祖となり、その子孫は三条家、西園寺《さいおんじ》家、徳大寺《とくだいじ》家などに分かれていく。藤原氏だけでなく源家や平家も分かれてさまざまな家が成立する。そんな諸家の公卿をわかりやすく整理しているのが本書である。家系名と略系図（出典不明）のもとに人名が掲載されている。

出典は多くが『公卿補任』や坂本武雄編『公卿辞典』（七丈書院、一九四四年）を使用している。直接『公卿補任』をみても略歴記載はあまり違わないのかもしれないが、家別の人名リストとして整理されている点で評価できる。

人名項目には、人名のヨミ、略歴のほか、父母の情報、最終官位、生没年、没時の年齢、号や別名、墓所、子どもの情報なども記されている。参考文献はない。

コラム④　任官一覧

　個人に官職などを付与することを「補任《ぶにん》」というが、その任官者を、官職の種類ごとに長期間において一覧した史料集に『公卿補任』『弁官補任』『国司補任』『八省補任』『式部省補任』『外記補任』『蔵人補任』『柳営補任』『僧綱補任』などがある（史料名については、5『日本史文献解題辞典』で調べられるものもある）。

　これらの「補任」では、年ごとにその職に就いた人物の名前が記されているので、その年の組織の人事やさらには権力構造を知ることができる。『公卿補任』には初めて名前が登場した際に、人名の下に「尻付《しつけ》」と呼ばれる官歴が付されており、人物情報として利用できる。

　なお、『公卿補任』については、任官者の変遷が一覧できるよう工夫された次のような資料がある。

a 笠井昌昭『公卿補任年表』山川出版社、一九九三年（第二版）

b 所功監修・坂田桂一著『公卿補任図解総覧　大宝元年～明治元年』勉誠出版、二〇一四年

　a は大宝元年（七〇一）から承久三年（一二二一）まで、b は収録年代を明治元年（一八六八）まで広げている。

17

人名が載っている辞書を探せる

『人物レファレンス事典』

編者 日外アソシエーツ　出版社 日外アソシエーツ　刊行年 各巻で異なる

冊数 各巻で異なる　項目数 各巻で異なる　執筆者数 記載なし（各項に記名なし）

配列 ヨミの五十音順　索引 無　判型 A5判　横書き　収録範囲 各巻で異なる

刊行時の価格 各巻で異なる

歴史 日外アソシエーツは図書館員におなじみの会社である。一九八三年の『人物レファレンス事典』刊行以来、同じスタイルで『西洋人物レファレンス事典』『東洋人物レファレンス事典』『外国人物レファレンス事典』、郷土人物編、文芸編、美術編、音楽編などさまざまな種類の「人物レファレンス事典」を刊行している。前近代の日本史人名でいえば書名は同じ『人物レファレンス事典』ながらも、一九九六年に「新訂増補　古代・中世・近世編」を、二〇〇七年に「古代・中世・近世編Ⅱ（一九九六―二〇〇六）」を、二〇一八年に「古代・中世・近世編Ⅲ（二〇〇七―二〇一六）」を刊行している。

・**特徴**――図書館員向け

探している人名がどの辞典に掲載されているかを探すための辞典である。したがって、本書のみで人物調査は解決せず、掲載されている人名辞典がわかったらそれを見なくてはならない。

最初から見るべき辞典がわかっていれば、本書を引く手間は省けるわけで、ここではすでに専門的な人名辞典や日本史辞典を紹介してきたので、直接それらを見ることを勧める。しかし、時代が特定できない人名を調べる場合や、掲載されている辞典をより多く探したい場合などにはこの『人物レファレンス事典』が便利であろう。

日外アソシエーツは『人物レファレンス事典』と同様、例えば特定の絵や図版がどの本に収録されているのかを調べられる『美術作品レファレンス事典』シリーズや、探している文学作品がどの全集に収録されているのかを調べられる『全集／個人全集・内容綜覧』など、図書館でのレファレンスに便利な本をたくさん作ってきた。分野も時代もわからない人物や美術作品、文学作品を調べる場合に、まず手に取る辞典の役割を果たしているのである。

(四) 地名辞典

地名辞典は地名を調べる辞典である。ではなぜ地名を調べるのか。19『日本歴史地名大系』の編集を担当した森田東郎は、「地名は木簡や古代の史資料に登場することがままあり、地域に根ざした歴史を掘り下げようとする場合、唯一の手がかりになることが多い」という。(1)

中央の歴史は国家が編纂した歴史書からわかるが、それだけでは時代の全貌はつかめない。地域史への視点は重要であり、その基本ツールが地名辞典である。ここでは、都道府県単位で一冊ずつ刊行されている角川書店と平凡社の二つの辞典を紹介したい。角川が一九七八年から刊行を始め、翌年平凡社が刊行を始めた。刊行開始当初は、角川書店の創立者角川源義の「源」と平凡社の「平」から、「地名辞典の源平合戦」と話題になった。(2) 二大地名辞典の刊行時期が重なったのは偶然ではない。急激な開発により従来の地名が失われることへの危機感が両者の刊行に込められているのである。

注

(1) 日本書物遺産「日本歴史地名大系」第1回（森田東郎）（ジャパンナレッジ）。
https://japanknowledge.com/articles/blogheritage/rekishi/1.html

(2)『朝日新聞』一九七九年一月二十八日東京朝刊一一頁。

18

引きやすさが特徴

『角川日本地名大辞典』

編者 「角川日本地名大辞典」編纂委員会 出版社 角川書店 刊行年 一九七八—九〇年

冊数 五一冊（原則四七都道府県各一冊だが、北海道と京都府は上下巻があり、さらに別巻一・日本地名資料集成と別巻二・日本地名総覧がある）

項目数 約五〇万（歴史地名四〇万、現行地名一〇万）(1) 執筆者数 約五〇〇〇人(2)（各項に記名なし）

配列 地名編は地名のヨミの五十音順、地誌編は現行（刊行当時）の行政地名のヨミの五十音順

索引 別巻二「日本地名総覧」が五十音順総索引となる（各巻末に索引はなし）

判型 菊判 横書き

刊行時の価格 第一回配本『東京都』の期間限定特価五八〇〇円、定価六四〇〇円

歴史 本書の編纂は創業者角川源義（一九一七—七五）の遺志であり、氏は仆《たお》れる一〇年前から地名辞典編纂のために全国の地誌や地方史を収集していたという。(3) 國學院大學で柳田国男や折口信夫に学び、土地の民俗に溶け込んだ地名の重要性を痛感していたのであろう。地名辞典出版の最初の話し合いは源義の通夜の席だったという。(4) その後、角川春樹社長のもとで同窓杉山博や早稲田大学の竹内理三が中心となり編纂が始まった。

第一回配本の『東京都』が刊行された翌年、一九七九年の『朝日新聞』の記事には、「初版三万部を売りつくして好評」とある。(5) 「源平」両地名辞典の刊行には、一九六〇年半ばの高度経済成長

で改変・抹消される地名への危機感が背景にあった。『東京都』刊行直後の新聞記事には「成田空港、一枚の土地として囲われたあの広大な敷地は、かつてそのなかにあったどんなに多くの地名を失わせたことだろう」とある。(6) 長い闘争の末、成田空港が開港したのも刊行が開始された一九七八年であった。

・特徴──「地誌編」にも注目を

各巻とも「総説」「地名編」「地誌編」「資料編」で構成され、「地名編」「地誌編」が大きな柱となる。「総説」では、扱う都道府県の地理的状況や刊行時までの歴史的展開、地名と自然や社会、文化との相関が論じられている。その県の歴史が要点を絞って整理されている部分は、何冊にもなる県史（第五章（二））とは異なり重要な記述である。

「地名編」の使い方はわかりやすい。特定の地名項目をヨミの五十音順で容易に引き当てることができる。項目内は古代、中世、近世、近代、現代と時代別に分かれて記載されているので見やすく、それぞれ出典も記されている。古代・中世の国・郡・郷・荘・保・名・里・村・厨・園・駅・牧などが立項されるほか、川・谷などの自然地名や神社名や歴史地名も含まれる。遺跡名の立項は少ない印象である。

ただし、地名辞典の役割はそれだけではない。「刊行の辞」には、（A）失われゆく文化遺産としての地名を漏れなく採録すること、（B）地名の由来を考え、その地に営まれた人間の歴史を明らかにすることと、(C) 現代の地名を記録し、地域の状況と生活を具体的に記述することが目的とされ、この(C)が「地誌編」に現れているのであろう。「地誌編」は刊行当時の現行自治体(平成の大合併以前の行政区分)ごとに、行政地名をヨミの五十音順に配列して解説する。地名を地域全体のなかに位置付け、地域全体を知るには、この地誌編が便利である。

・活用方法――時代ごとの記述に注目

歴史地名を探すには「地名編」が中心となる。項目が地名のヨミの五十音順に配列されているので、地域別配列の19『日本歴史地名大系』と比べて引きやすいのが特徴である。また、町村より細かい行政区分である小字《こあざ》名が引けるのも本書の特徴である。

・豆知識――小字一覧を含む「資料編」

三〇〇万の小字を収録するのが本書の特徴とされるように、[7]「資料編」には、小字一覧(ヨミあり)のほか、地名名数一覧や行政変遷年表、地誌目録、参考地図などが収録されている。小字の出典は明治時代に各県が調べた「地籍字名簿」(県によって資料名は異なる)などの記録である。ただし、小字の掲載がない巻(北海道・新潟・愛知・大阪・兵庫・奈良・福岡)もある。

地名が歴史学、考古学、民俗学、歴史地理学、言語学など多くの研究にとって重要であることは、青森県巻の書評で北方史の研究の進展を例に挙げ斉藤利男が記すとおりである。[8] だが、斉藤も述べるように、小字名は近代の整理に基づいたものであり、それ以外に残る「俗地名」もある。地名からでは近代の小字なのかそれ以前から残る俗地名なのかはわからない。地名辞典で探せる地名に限界があることも確かだ。

・別巻について

別巻一「日本地名資料集成」は全巻の総論に位置づけられる。地名や土地に関わる日本の歴史を通史的に整理し、その中に辞典的な小項目もある。一冊で立派な「地名の歴史辞典」になり得る点で五一冊の中で独自の性格を持つのだが、シリーズの一冊として埋もれてしまうのが残念である。『和名抄』未記載の郷里名一覧」や「牧分布図」などのように便利な図表・図版も収録する。

別巻二「日本地名総覧」は全四七巻の総索引で、「地名編」と「地誌編」現行行政地名の項目をヨミの五十音順に配列している。そのほか、「郡支庁・自治体一覧」「難読地名一覧」もある。

・古代地名を抽出した『古代地名大辞典』

『角川日本地名大辞典』刊行中から、木簡《もっかん》や墨書土器《ぼくしょどき》、漆紙文書《うるしがみもんじょ》などの出土文字史料の発見が相次いだこともあり、古代（一一八五年まで）の地名を抽出し、出土文字史料を加えた『古代地名大辞典』本編、索引・資料編の二冊が一九九九年に刊行された。『万葉集』と『風土記』にみえる地名も採録し直し、約一万二三九三項目を収録した。新たな項目も多く、古代の地名を調べる場合には参照する必要がある。

・ジャパンナレッジの『角川日本地名大辞典』

基本パッケージには含まれていないが、別に契約すれば使えるジャパンナレッジの『角川日本地名大辞典』については注意が必要である。冊子が各巻「総説」「地名編」「地誌編」「資料編」で構成されているのに対し、ジャパンナレッジに収録されているのは「地名編」のみである（「地名編」のなかに「地誌編」を参照するような記述があれば「地誌編」の記事が加えられているという）。また、冊子刊行後、二〇一〇年十二月末日までの合併などによる市町村名の変更について修正が加えられていることも、冊子の記述とは異なる点である。

なお、ジャパンナレッジ収録のデータは、二〇一一年出版のＤＶＤ－ＲＯＭ版（やはり「地名編」のみ）に基づいている。

注

（1）『朝日新聞』一九七九年一月二十八日東京朝刊一一頁。
（2）竹内理三「角川源義博士との因縁」『竹内理三著作集八　古代中世の課題』角川書店、二〇〇〇年、初出は一九八七年。
（3）前掲（2）論文。
（4）鎗田清太郎「角川版『日本地名大辞典』」『角川源義の時代』角川書店、一九九五年。

（5）前掲注（1）。
（6）『読売新聞』一九七八年十月二日朝刊一〇頁。
（7）前掲注（6）。
（8）斉藤利男「書評と紹介『角川日本地名大辞典』2青森県」『弘前大学國史研究』八一、一九八六年。

19 ジャパンナレッジで検索の幅が広がった『日本歴史地名大系』

出版社 平凡社　刊行年 一九七九—二〇〇五年
冊数 五〇巻五一冊（原則都道府県各一冊だが、兵庫県は二冊、別に京都市一冊と索引二冊〈総索引・分類索引〉がある）
項目数 約四〇万[1]　執筆者数 約二五〇〇人[2]（各項に記名なし）
配列 刊行当時の地域別（大見出しは刊行当時の郡市区）
索引 有（各巻末にあり、加えて四九巻〈総索引〉・五〇巻〈分類索引〉もあり）
判型 B5変型判　縦書き
刊行時の価格 第一回配本『京都市の地名』の特価九八〇〇円、定価一万一〇〇〇円
歴史 一九七六年に企画が発足し、翌年から本格的に編集作業が開始された。七九年の第一回配本『京都市の地名』の新聞広告には、平凡社の創業七〇周年記念出版とみえる[3]。最終回の『福岡県の地名』まで二十五年を要した。月報『歴史地名通信』には、「企画が発足した七〇年代半ばは〈地

方の時代〉が叫ばれ始め、日本史研究でも〈地域史〉の重視、再構築が唱えられた時代」であり、「しかし一方、刊行に要した年月の間、皮肉なことに〈地方の時代〉のかけ声はかけ声に終って実体を伴わず、日本の社会は急激なシステムの変化、産業構造の変化に見舞われて〈地方〉〈地域〉は沈降、農村の崩壊、都市への人口集中、文化の均一化がますます進み、その行き詰まりの結果として今〈地域の再生〉が叫ばれています」とある。[4] この危機意識を共有し続けなければ、「源平」辞典は過去の遺産となってしまう。

・特徴――地域のなかで地名を考える配列

18角川の「地名編」が五十音順なのに対し、本書は刊行当時の郡市区別に配列されている。郡市区の大見出しの中には町村名の中見出しがあり、そのなかに多数の地名を載せる小見出しがある。小見出し内は角川同様に原始・古代、中世、近世、近現代に分かれて解説されている。

このような配列は、地域（郡・市・区）内の地名の連関を重視し、その地域にどのような地名があるのかを一覧できる構成となっている。18角川「地誌編」も同じ構成であり、ともに吉田東伍『大日本地名辞書』（コラム⑥）の系譜を引く。

各巻の巻頭には「総論」が、末尾には「文献解題」や行政区画変遷表や石高・戸口一覧表などがある。基本的な歴史用語を記す「用語解説」を付す巻もある。

・活用方法――まずは巻末の索引を引くこと

前述のとおり本書は郡市区別に配列され、五十音順でないため直感的に地名を探すことができない。各巻末の索引で調べたい地名の掲載頁を検索するのが最初の作業となる。一見、探しづらいと思われるが、巻末索引を使うことを知っていれば問題ない。

・ジャパンナレッジの『日本歴史地名大系』

ジャパンナレッジのコンテンツとなったことで、検索の難も解消されたと考えられるが、一方で、検索結果がピンポイントとなることは避けられず、冊子体の構成に意図された、各地名が関連しながら地域を形成しているという性格を忘れないように心掛けたい。

また、ジャパンナレッジ版には、冊子と違う内容が含まれることも注意が必要だ。冊子刊行後から二〇一六年十月十日までの合併などに伴い変更された名称からも旧地名が検索でき、変更後の地名や変更年月日が追記されている。また、最新の考古学の研究成果を反映させ約三〇〇の考古項目を追加し、既存の約二〇〇項目についても加筆されている(5)(該当項目は不明)。授業のレジュメやレポートで引用する際には、「ジャパンナレッジ『日本歴史地名大系』東京都」など、ジャパンナレッジからの引用と分かるようにしてほしい。

冊子体に付録として付けられていた明治二十年代の参謀本部陸軍部測量局の地図も「明治復刻地図」として「旧郡界図」などとともにPDF化されている。

注

（1）「編集室より―完結を迎えて」『歴史地名通信』五〇、二〇〇五年。

（2）前掲注（1）。

（3）『読売新聞』一九七九年九月二十一日朝刊二頁。

（4）前掲注（1）。

（5）ＪＫ版日本歴史地名大系の特長。https://japanknowledge.com/contents/rekishi/about.html

コラム⑤　源平地名辞典、どう使い分ける?

横書きの角川、縦書きの平凡社、本のサイズも異なり、見た目の違いは多い。どう使い分けるかに明確な答えはなく、同じ項目でも引用史料は合致しないため、両方を見るべきと考える。

冊子体が使いやすいのは地名のヨミの五十音順で引ける角川である。ただし、地名編に利用が集中してしまい、地誌編があまり活用されていないようにも感じる。一方、ジャパンナレッジのコンテンツとして容易にアクセスでき、検索が便利なのは平凡社である。ただし、キーワード検索されることで、本来の編集意図である地域という枠から地名を知るという視点が抜け落ちる危険がある。

研究者にとっては、項目の前後の情報の関連度が高いほうがよいから、その点で冊子体の平凡社が優れているだろう。遺跡名も角川より多く採られているように感じる。

図書館では、ジャパンナレッジの基本コンテンツの平凡社と、別途契約が必要な角川で使用の差がついたことであろう。しかしデータベースとなった平凡社は、本来の編集意図が伝わりにくくなった。どうか角川、平凡社とも冊子体を利用できる環境を維持してほしい。

コラム⑥　吉田東伍『大日本地名辞書』

角川・平凡社の地名辞典の刊行開始時には、「大日本地名辞書を凌げるか」と称されたように、『大日本地名辞書』は日本の地名辞典の金字塔である。新潟県出身の歴史地理学者吉田《よしだ》東伍《とうご》（一八六四―一九一八）が編纂に着手したのは、読売新聞記者として日清戦争に従軍し帰国した明治二十八年（一八九五）である。明治三十三年（一九〇〇）から明治四十年（一九〇七）のあいだに一〇冊（合本五冊）と汎論索引一冊の計一一冊を刊行した。その後、明治四十二年（一九〇九）には北海道・樺太・琉球・台湾の地名を続編として出版した。

今日では一九六九―七一年の増補版全八巻が利用されている。出版社は当初から冨山房《ふざんぼう》である。十世紀の『和名類聚抄《わみょうるいじゅしょう》』の郷名を重視する点や、地域ごとに地名を挙げていく構成は、角川「地誌編」や平凡社全体に受け継がれている。

この辞書の刊行については、千田稔『地名の巨人吉田東伍―大日本地名辞書の誕生―』（角川書店、二〇〇三年）に詳しい。千田は、明治二十五年（一八九二）の久米《くめ》邦武《くにたけ》筆禍《ひっか》事件による帝国大学史誌編纂掛の廃止とそれに伴う官撰日本地誌刊行の頓挫が、東伍に地名辞書編纂を決意させたと推測する。久米への弾圧と史誌編纂掛の廃止に対し、近代的実証主義を示したのが『大日本地名辞書』の独力での編纂とみるのである。

多くの図書館の参考図書コーナーには、今でも角川・平凡社の地名辞典とともに『大日本地名辞書』が並ぶが、『大日本地名辞書』は歴史史料として扱われるべきである。そのわけは、明治末年当時の地誌が出典として用いられていることや、第八巻「北海道・樺太・琉球・台湾」の存在である。

第八巻では、旧植民地の地名を詳細に研究している。樺太については、当時の露西亜《ロシア》領についての記述も付録として載せられている。

『大日本地名辞書』は、地名が当時の国家の支配体制と密接であることを示す。吉田東伍もまた、角川や平凡社同様に地名研究の危機感から地名辞典を編纂したのである。日本の三大地名辞典の成立は、現代において地名辞典が編纂されないことの意味を象徴している。

（五）年　表

ある年やその前後に起きたことを知るとき、年号と西暦を対照させるとき、当時の天皇や摂関、中国や朝鮮の王朝名を確認するとき、同時代の日本と世界の出来事を比較するときなどに便利なのが年表である。

20

『日本史年表』

ハンディな必需品

編者　歴史学研究会　出版社　岩波書店　刊行年　二〇一七年（第五版）　冊数　一冊

索引　有　判型　四六判　横書き

収録範囲　旧石器時代から二〇一五年（平成二十七年）まで

刊行時の価格　三二〇〇円（税別）

歴史　一九六六年刊の初版の編纂には、一九五八年以来八年が費やされたという。その後、一九八四年の新版、一九九三年の増補版、二〇〇一年の第四版が刊行され、二〇一七年の第五版は一六年ぶりの改訂となった。

・特徴＆活用方法――手元にあると便利

授業のレジュメやレポート作成に、年号と西暦は併記するべきであり、その際に活躍するのがハンディな本書である。日本の歴史は「政治」「社会・文化」欄に分かれ、「世界」欄も併設されている。干支《かんし》や天皇の即位年月、当時の摂関や左大臣・右大臣、中国、朝鮮王朝なども把握できて重宝する。これから日本史の勉強を始める人は手元にあると便利である。

「年号索引」は、年号のヨミの五十音順に該当期間の西暦が示されており、年号をみても西暦がわからず年表を引けない時にまず開くページである。第四版まで裏表紙見返しにありすぐに引けたのが、第五版では巻末付録の一部として本文に収録され、若干使いづらくなった。

本書はハンディである分、詳細な記述を欠くのはやむを得ない。出来事は幕末の嘉永五年（一八五二）以前は該当月までで、該当日はない。またその出典となる史料名も載せられていない。該当日や出典を載せるのが後述21・22の年表である。

なお、二〇〇〇年の遺跡捏造事件で見直しが迫られた旧石器時代の欄には、事件を踏まえた説明が付されている。旧石器中期までを全くの空欄とする年表21とは異なり注目できる(1)。

注

（1）『読売新聞』二〇〇一年六月十七日東京朝刊・一二頁では、年表21が空白なことを「極端な判断では？」と問題提起している。

21

出典史料がわかる
『日本史総合年表』

編者 加藤友康・瀬野精一郎・鳥海靖・丸山雍成　出版社 吉川弘文館　刊行年 二〇一九年（第三版）
冊数 一冊　項目数 四万一〇〇〇(1)　索引 有　判型 四六倍判　横書き
収録範囲 旧石器時代から二〇一九年五月一日の令和改元まで。継体元年（五〇七）以後の出来事はわかる範囲で年月日までが記される。
刊行時の価格 一万八〇〇〇円（税別）
歴史 『国史大辞典』の別巻として、二〇〇〇年を期して総合的な年表の刊行が企画され、一九九九年までを収録する初版が二〇〇一年に刊行された。しかし同年のアメリカ同時多発テロ以後の紛争やテロ、スマトラ沖地震などの自然災害や、北朝鮮のミサイル・核開発、日本人拉致問題などの発生を踏まえ、二〇〇五年に第二版の刊行となった。第三版は令和改元を機に刊行された。

・特徴&活用方法――出典となる史料名を記載

五九三年（推古元）以後は「政治・経済」「社会・文化」「世界」欄と中国、朝鮮王朝が併記され、日本の古代から一八六七年（慶応三）までには出典となる史料名が記される。

出典の記載があるのが本書の特徴であり、巻末の「典拠一覧」からは出典となる史料を収録する刊本が特定できる。根拠となる史料にあたる場合に便利である。

年表部分にはその年の出来事の一部が記されているにすぎず、それ以外の出来事も把握するための参考情報として、巻末に「大日本史料収載内容一覧」がある。これをもとに図書館で該当年を収録する『大日本史料』の巻をみれば、より多くの史料にアクセスできる。

また、巻末には人名・典籍・史料名・重要事項を採録した索引がある。『国史大辞典』での立項状況もわかるので、『国史大辞典』とあわせて利用できる。このほか、「天皇一覧」「古代朝鮮・中国年号・王朝・皇帝一覧」「鎌倉幕府将軍一覧」「鎌倉幕府執権一覧」「六波羅探題一覧」など近代までの便利な一覧表や図版をまとめた「備要」もある。裏表紙見返しには、年号のヨミから引ける「年号索引」があり、当該年号の西暦での期間を知ることができる。

なお、本文にヨミは付されていないので、ヨミを知りたい場合は、『誰でも読める日本古代史年表』（吉川弘文館、二〇〇六年）を参照されたい。同シリーズは中世史、近世史、近代史、現代史のすべての時代が刊行されている。

注

（1）　吉川弘文館ウェブサイト。

22

琉球処分までの対外関係に特化した
『対外関係史総合年表』

編者 対外関係史総合年表編集委員会　出版社 吉川弘文館　刊行年 一九九九年
冊数 一冊　項目数 約三万六〇〇〇(1)　執筆者数 三四人　索引 無　判型 四六倍判　横書き
収録範囲 紀元前三世紀より琉球処分が行われた明治十二年（一八七九）までの対外関係を中心に記す
刊行時の価格 三万五〇〇〇円（税別）
歴史 前近代対外関係史研究会のメンバーで、本書編集代表の田中健夫が「各人の研究に必要不可欠で、しかも学界全般にも貢献できる仕事」（序より）として年表の共同作成を提案し、文部省科学研究費などで史料調査を行い、二十年以上を費やし編纂された。その過程で莫大な原稿が作成されたが、一冊の書籍にまとめるあたり、使節の派遣などの一覧表が削除され、索引の作成も断念したことが田中の回想記事にみえる(2)。

・特徴&活用方法――出典には写本の史料も含まれる

出来事の出典となる史料名が記載され、巻末の「典拠一覧」から収録文献がわかる形式は前掲21『日本史総合年表』と同様である。刊行は本書の方が先であるから、本書のスタイルが21に継承されたといえるだろう。しかし、21と異なる点は、出典史料には公刊されていない写本（例えば宮内庁書陵部や東京大学史料編纂所所蔵の史料など）も少なくはないことである。本来各人が所蔵機関に足を運ばなければわからない史料の細部が、年表に収められたことになる。

年表部分は、日本・琉球・朝鮮・中国のほか、ベトナム、アジア、ヨーロッパ、ロシア、アフリカ、アメリカ、オセアニアなど地域別に記述されている。日本以外の記述も充実している点で対外関係史という特徴を示すものである。また、巻末には膨大な補注があり、異なる日付を取る説や詳しい文献の紹介などが記されている。異なる学説の存在を補注で生かしている点で、研究者が作る研究者のための年表と言えるであろう。対外関係史を研究しない人も、一見の価値がある完成度の高い年表である。

注

（1）　田中健夫「巨大年表の憂鬱―『対外関係史総合年表』作成の事情―」『対外関係史研究のあゆみ』吉川弘文館、二〇〇三年、初出は二〇〇一年。

（2）　前掲注（1）。

コラム⑦　シンプルすぎる『東方年表』

風変わりな年表として挙げられるのが、藤島達朗・野上俊静編『東方年表』（平楽寺書店、一九五五年、Ａ５サイズの大字版は一九九六年刊）である。

本来年表にあるべき「その年の出来事」は一切書かれず、西暦と干支と中国・朝鮮王朝と日本の王と年号のみが記されている（右端に「日紀」〈日本紀元〉がある）。

一九五五年刊のものは一三センチのポケットサイズ。携帯用に作られたもので、「はしがき」に「一般向ではない」と明確に書かれている。編者はともに大谷大学の仏教史研究者。編纂の理由は語られていないが、東アジアを中心に日本との年号や王朝を一覧できるためか、東洋史を学ぶ人からは評価が高い。一九九六年に大字版が刊行されたのもニーズを反映してのことであろう。

ただし、編者が公言するように一般向きではないため、好き嫌いは分かれると思う。図書館で手に取り自分に合う年表か見極めてほしい。

なお、同様の機能をもつのが、**2**『日本史大事典』七巻に収録された「紀年対照表」で、こちらは西暦一年から一九九四年までを収録する。

コラム⑧ 一人で一一冊の年表を編んだ日置英剛

『新・国史大年表』（国書刊行会、二〇〇六―一五年、全一一冊）の編者は日《ひ》置英剛《おきえいごう》である。

父の日置昌一《しょういち》は一九三五年から翌年に『国史大年表』全七巻を平凡社から刊行した人物である。五年後の一九四〇・四一年には改訂版が全九巻で刊行された。昌一は上野の帝国図書館に毎日通いながら、『日本系譜綜覧』『話の大事典』『ものしり事典』など多くの本を編纂した。その業績は、紀田順一郎『知の職人たち』（紀田順一郎著作集 第六巻、三一書房、一九九七年、初出は一九八四年）に詳しい。

英剛は父の年表に出典表記がなかったことなどの反省から、一九三四年で終わっている年表を改訂増補して出版することを決意した。第九巻あとがきには「この年表を書き始めてから五十四年、刊行開始からはほぼ十年」で始まる編纂の苦労がつづられている。個人が古代から現代までのすべてにわたる一一冊もの大部な年表を編纂したという偉業は広く知られるべきであろう。

本文は、冒頭に重要事項を「指標」として掲げ、個別の事柄は「政治・経済」「社会」「文化」の三つに区分して、出典もともに記されている。年表内には時として史料の読み下しや語句の解説を記す囲み記事が現れる。難解な史料や歴史用語をわかりやすく説明しようという教員である編者の工夫と思われる。この囲み記事の一覧も巻末などにあるとよかった。

この年表が本領を発揮するのは近代以降の巻ではないかと思う。それは出典が地方紙を含む新聞とそのほか膨大な出版物から成るためである。現代史の最終巻にあたる第九巻（一九六五年―二〇一二年を収録）では、一九七六年のロッキード事件を特集し、年表の記述が詳細である。個人著作であれば出典も特集も編者の関心に偏るが、それもこの年表のおもしろさである。現代史の詳細さは他の年表の追随を許さないであろう。その年の末尾には「日本映画」と「流行歌」が記されているのも興味深い。

この年表が図書館でのレファレンスに活用されていることが、「レファレンス協同データベース」や神奈川県立図書館のブログ「司書の出番！」などからも知られる。父子が在野で歴史と向き合ってきたその視点は、多くの歴史好きの目線と重なることを物語っている。別巻として、『年表太平洋戦争全史』（二〇〇五年、一冊）がある。

第三章

データベースの活用法

（一）　論文を探すには

第二章で紹介した辞典には、各項目に参考文献が記されているものも多い。しかし、辞典が刊行された以後の論文は含まれていないため、別に新しい論文を探して最近の研究成果を補う必要がある。ここでは、日本古代・中世史の論文を調べる際に便利なデータベースを紹介する。なお、データベースの機能や画面のレイアウトは二〇一九年十二月現在のものである。詳細な機能や対象データについては、各データベースのヘルプなどを参照してほしい。

論文検索の注意点

① 論文は図書や雑誌に収録

論文は概説書や専門書（これらを便宜的に「図書」という）に収録されているものと季刊や月刊など定期的に出される「雑誌」（学術雑誌）に収録されているものがある。

学術雑誌にどのようなものがあるかを調べる本に、国立情報学研究所編『学術雑誌総合目録 和文編 二〇〇〇年版』（丸善、二〇〇一年、八冊）があるが、刊行が少し前なので最新の情報ではない。

② 検索キーワード

論文をデータベースで検索する際には、「日本古代の気候変動について」のように文章の形で入力せず、「日本△古代△気候変動」（△はスペースを表す）のように単語（キーワード）のみをスペースでつなぐ方法で検索するのがよい。検索キーワードは、辞典の記述を頼りに選ぶとよいであろう。

③　複数のデータベースを活用

現時点ですべての論文を検索できるデータベースは存在しない。したがって、複数のデータベースの特徴を知り併用するとともに、辞典や論文に引用される参考文献も参照してほしい。日本史分野の論文の探し方は、国立国会図書館リサーチ・ナビ「調べ方案内」の「日本史に関する文献を探すには（主題書誌）」に詳しい。https://rnavi.ndl.go.jp/research_guide/entry/post-266.php

④　雑誌論文は著書に再録される場合がある

図書や雑誌に発表された論文は、のちに著書（ここでは、すべてその人の論文で構成される本）に再録される場合がある。その際に内容が改訂されることがあるため、初出論文よりも再録された著書をみるほうがよい（論文名も変更されることがある）。

ところが、著書に再録された論文は、図書収録論文を検索できる**24 NDL Online**でも検索できない場合が多い。著作集に収録された論文を探すための本に『個人著作集内容総覧』（日外アソシエーツ）があるが、個人の論文集は採録されず、探せないものが多い。

限定的であるが、再録書を検索できるツールに**27延喜式関係論文目録データベース**がある。このデータベースの検索結果に法政大学国際日本学研究所「日本古代史関係研究文献目録データベース」

（試行版・限定公開）のデータがあれば、そこには再録書が掲載されている。

総合的なデータベース

日本史に限らず、すべての分野で論文を検索できるデータベースとして23〜25を挙げる。

23 雑誌論文が探せる CiNii-Articles　国立情報学研究所（NII）

URL https://ci.nii.ac.jp/

・活用方法——論文PDFへのアクセスも可能

CiNii-Articles（サイニー）で検索できるのは、雑誌に掲載された論文であり、図書収録の論文は含まない。図書収録の論文（全部ではない）が検索できる**24 NDL Online**とあわせて活用してほしい。

CiNii-Articlesの検索画面はシンプルで直観的な検索が可能である。論文名や著者名から検索するのが一般的であろう。検索結果から論文のPDFファイルにリンクできる連携サービスがある点が特徴である。検索結果に「機関リポジトリ」や「J-STAGE」(1)などのオレンジ色の枠があれば、そこをクリックするとPDFへのリンクがあるページに遷移する（【画面1】）。

ただし、すべての論文のPDFが見られるわけではない。PDFへのリンクがない場合は、次の「検索結果の見方」を参考にその論文が何という雑誌の何号に載っているかをメモして、その雑誌を所蔵している図書館で該当の雑誌を閲覧することになる。
なお、対象を「本文あり」に絞り検索すれば、ＰＤＦが有るもののみが対象となる。しかし、近年、「学生はＰＤＦがあるものしか使わない」という教員の声をよく耳にする。先行研究にＰＤＦの有無は無関係であるから、対象は「すべて」で検索し、紙の雑誌論文も参照してほしい。

・検索結果の見方

（例）「日本△古代△気候変動」（△はスペース）で検索
【画面１】の検索結果①にはＰＤＦへのリンクがない。このため、論文が掲載されている紙の雑誌を図書館で見ることになる。その場合、どの雑誌の何号にこの論文が載っているのかをメモする必要がある。①の情報を拡大してみると【画面２】のとおりである。

論文名：気候変動が古代日本人に与えたインパクト
（　）内は「特集日本人の基層」の中の一論文であることを示す。
著者名：中塚武
雑誌名：科学
巻号：八七（二）
該当論文掲載ページ：一四〇—一四八ページ
刊行年月：二〇一七年二月

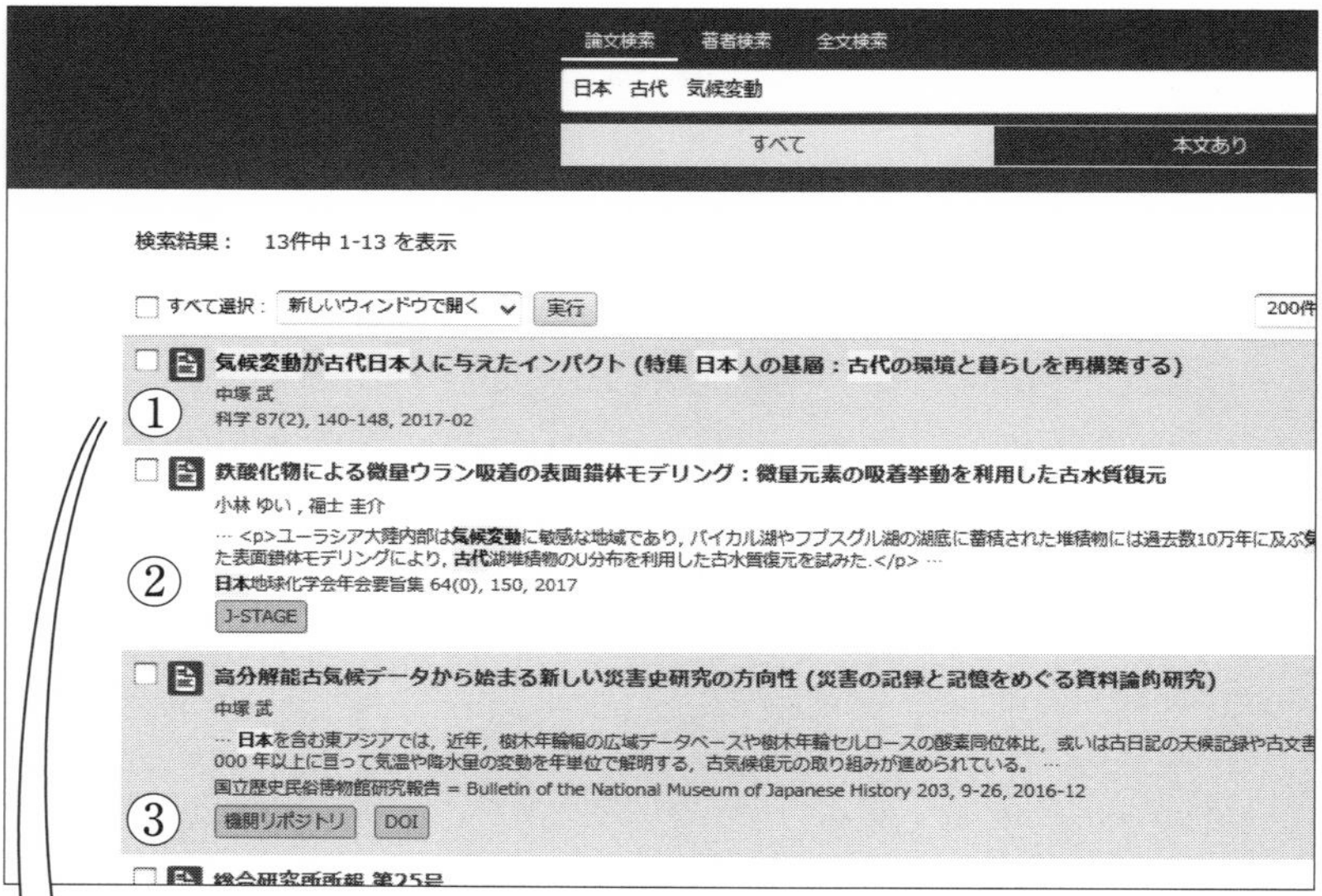
論文検索
著者検索
全文検索
日本　古代　気候変動
すべて
本文あり
検索結果：　13件中 1-13 を表示
すべて選択：
新しいウィンドウで開く
実行
200件
気候変動が古代日本人に与えたインパクト (特集 日本人の基層：古代の環境と暮らしを再構築する)
中塚 武
科学 87(2), 140-148, 2017-02
①
鉄酸化物による微量ウラン吸着の表面錯体モデリング：微量元素の吸着挙動を利用した古水質復元
小林 ゆい，福士 圭介
… <p>ユーラシア大陸内部は気候変動に敏感な地域であり，バイカル湖やフブスグル湖の湖底に蓄積された堆積物には過去数10万年に及ぶ気
た表面錯体モデリングにより，古代湖堆積物のU分布を利用した古水質復元を試みた.</p> …
日本地球化学会年会要旨集 64(0), 150, 2017
J-STAGE
②
高分解能古気候データから始まる新しい災害史研究の方向性 (災害の記録と記憶をめぐる資料論的研究)
中塚 武
… 日本を含む東アジアでは，近年，樹木年輪幅の広域データベースや樹木年輪セルロースの酸素同位体比，或いは古日記の天候記録や古文書
000 年以上に亘って気温や降水量の変動を年単位で解明する，古気候復元の取り組みが進められている。 …
国立歴史民俗博物館研究報告 = Bulletin of the National Museum of Japanese History 203, 9-26, 2016-12
機関リポジトリ
DOI
③
総合研究所所報 第25号

【画面 1】

拡大
論文名
気候変動が古代日本人に与えたインパクト (特集 日本人の基層：古代の環境と暮らしを再構築する)
中塚 武 —— 著者名
科学 87(2), 140-148, 2017-02
雑誌名
巻号
該当ページ
刊行年月

【画面 2】

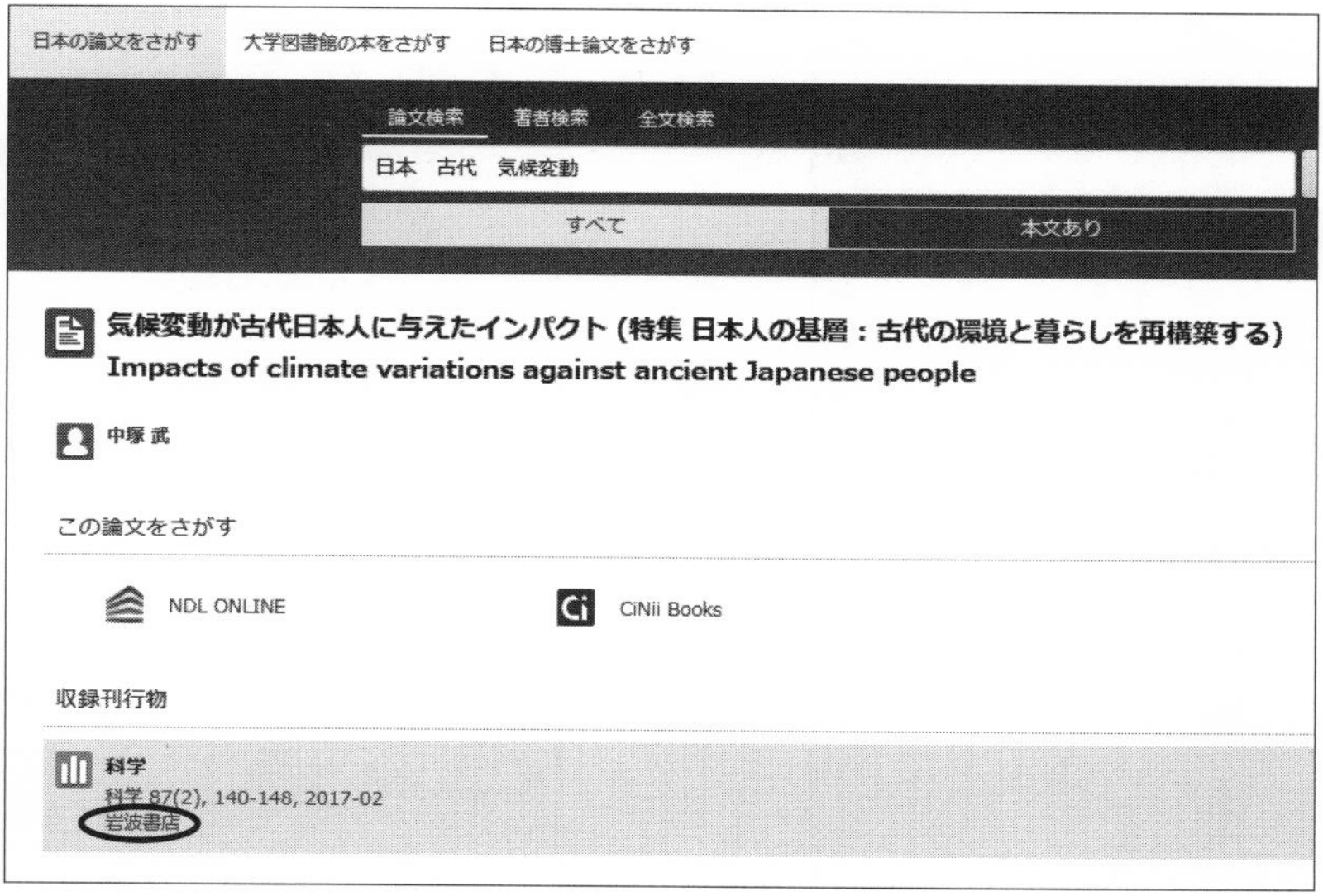

【画面3】

すなわち、『科学』というタイトルの雑誌の二〇一七年二月に出た八七（二）号の一四〇ページから一四八ページに中塚論文が載っていることがわかる。傍線を引いた雑誌名と巻号、刊行年月をしっかりメモしておかないと、論文が探せないので注意すること。

なお、論文名をクリックすると「詳細表示画面」（【画面3】）に移る。そこから、『科学』という雑誌が岩波書店から刊行されていることがわかる。

収録雑誌と巻号がわかったら、自分の所属大学の図書館や国立国会図書館、都道府県立図書館など学術雑誌を所蔵していそうな図書館で、岩波書店が出している『科学』という雑誌の八七（二）号を所蔵していないか、蔵書検索をしたり、図書館に聞いてみたりするのがよい。無事に該当雑誌を手に取ることができたらようやくこの論文を読むことができるのである。

【画面1】の検索結果②③には、「J-STAGE」や「機関リポジトリ」のオレンジの枠がある。これらをクリックすることで本文ＰＤＦへのリンクが見つかるので論文を読むことができる。

・出典の書き方

ＰＤＦの有無にかかわらず、論文の出典の書き方は同じである。

すでに第一章の「出典の書き方」（一二頁）でも紹介したとおり、検索結果①〜③の出典は次のように書く。

① 中塚武「気候変動が古代日本人に与えたインパクト」『科学』八七（二）、二〇一七年、一四〇―一四八頁

② 小林ゆい・福士圭介「鉄酸化物による微量ウラン吸着の表面錯体モデリング：微量元素の吸着挙動を利用した古水質復元」『日本地球化学会年会要旨集』六四（〇）、二〇一七年、一五〇頁

③ 中塚武「高分解能古気候データから始まる新しい災害史研究の方向性」『国立歴史民俗博物館研究報告』二〇三、二〇一六年、九―二六頁

雑誌名から刊行年までを（　）で括る場合もあり、末尾に該当頁を入れない場合もある。CiNii-Articles でなく、Google などの検索エンジンで論文名から検索した結果ＰＤＦに至った場合でも、「J-STAGE」「国立歴史民俗博物館機関リポジトリ」などを出典に挙げるのではなく、右の①〜③の

ように雑誌名、巻号、刊行年を記載すべきである。(2)

注

（1）「機関リポジトリ」は、大学などの研究機関が自分の組織の研究成果をデジタルアーカイブとして公開したもので、オレンジの「機関リポジトリ」をクリックすると、各機関が提供するリポジトリの画面に移るので、そこから該当論文のＰＤＦを見つけてアクセスできる。「J-STAGE」は国立研究開発法人科学技術振興機構（ＪＳＴ）が構築した科学技術系の電子ジャーナルをアーカイブ化したもので、論文本体に無料でアクセスできる。論文そのものでなく、要旨（「抄録」）のみ公開しているものもある。そのほか、所属の学内ＬＡＮでCiNiiに接続した場合に、大学で契約している「医中誌Web」などが閲覧できる場合もある。

（2）機関リポジトリ名を出典に記さないのは、第二章で挙げたジャパンナレッジの『国史大辞典』や『日本歴史地名大系』などを引用する際に、ジャパンナレッジからの引用である旨を明記する方針とは異なる。この理由は、現時点で多くの雑誌は掲載時に機関リポジトリなどへの掲載許諾も得ていることが多いため、紙の雑誌に掲載されたものがそのままアーカイブ化されているという前提であるからだ。この場合、出典は雑誌本体になる。しかし、ジャパンナレッジの場合は紙の辞典刊行時にジャパンナレッジへの掲載許諾が取られていないため、紙の辞典とジャパンナレッジのコンテンツの内容が異なる箇所が少なくない。したがって、出典が紙ではないことを明記する必要がある。

24

図書収録論文が探せる NDL Online　国立国会図書館（NDL）

URL https://www.ndlonline.ndl.go.jp/

・活用方法――図書収録の論文を探す

雑誌論文のみが対象の23 CiNii-Articlesとは異なり、NDL Online（国立国会図書館オンライン）では雑誌論文と、図書収録の論文を探すことができる。ただし、図書に収録されている論文のすべてが探せるわけではない（1）。

とりわけ同じ著者の論文をまとめた著作集や論文集収録の論文についてはほとんど検索できない。著作集の収録論文を探す本に日外アソシエーツ『個人著作集内容総覧』がある（ただしこの本でもすべてが探せるわけではない）。

NDL Onlineの特徴は、検索対象が原則国立国会図書館の蔵書である点だ。ただし、契約している電子ジャーナルやオンライン資料、支部図書館の所蔵資料など、直接所蔵していないものもある。

・検索方法

NDL Onlineにはさまざまな検索集合が存在する（【画面4】）。「詳細検索」に切り替えると（1）「図書」「雑誌」「雑誌記事」「新聞」「和古書・漢籍」などの集合が表示される。ここでは「図書」を

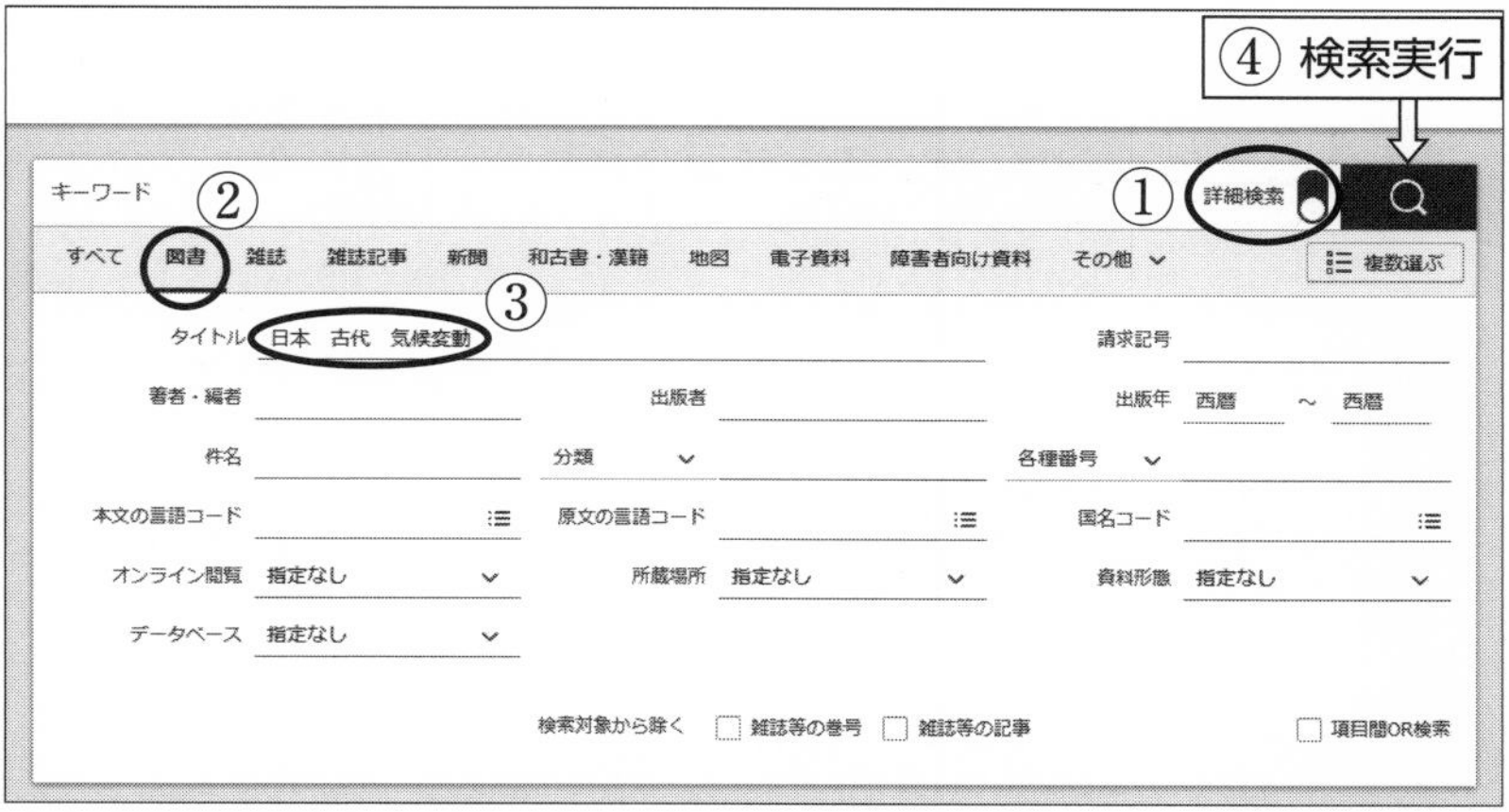

【画面4】

選び、図書の中に含まれている論文を探してみたい。

なお、「雑誌記事」を選べば雑誌論文を検索できるが、この機能は23 CiNii-Articlesにあるので、今回は使い分ける意味で「図書」（②）に絞りたい。図書だけでなく雑誌に収録の論文（雑誌記事）もあわせて検索したい場合は「すべて」を選択するのがよい②。

検索結果（【画面5】）は「適合度順」に表示されてしまうため、「出版年：新しい順」に並び替えたほうがよい（⑤）。

・検索結果の見方

【画面5】は【画面4】の検索結果であるが、一件目をみると、一行目（青字）の『日中新時代の基本的視座：教育・環境・文化から』が書名、三行目以下の部分が収録論文の情報である。より詳しく見るために、書名をクリックして「書誌詳細」画面に移ると（【画面6】）、画面の下部に「内容細目」や「目次」として、

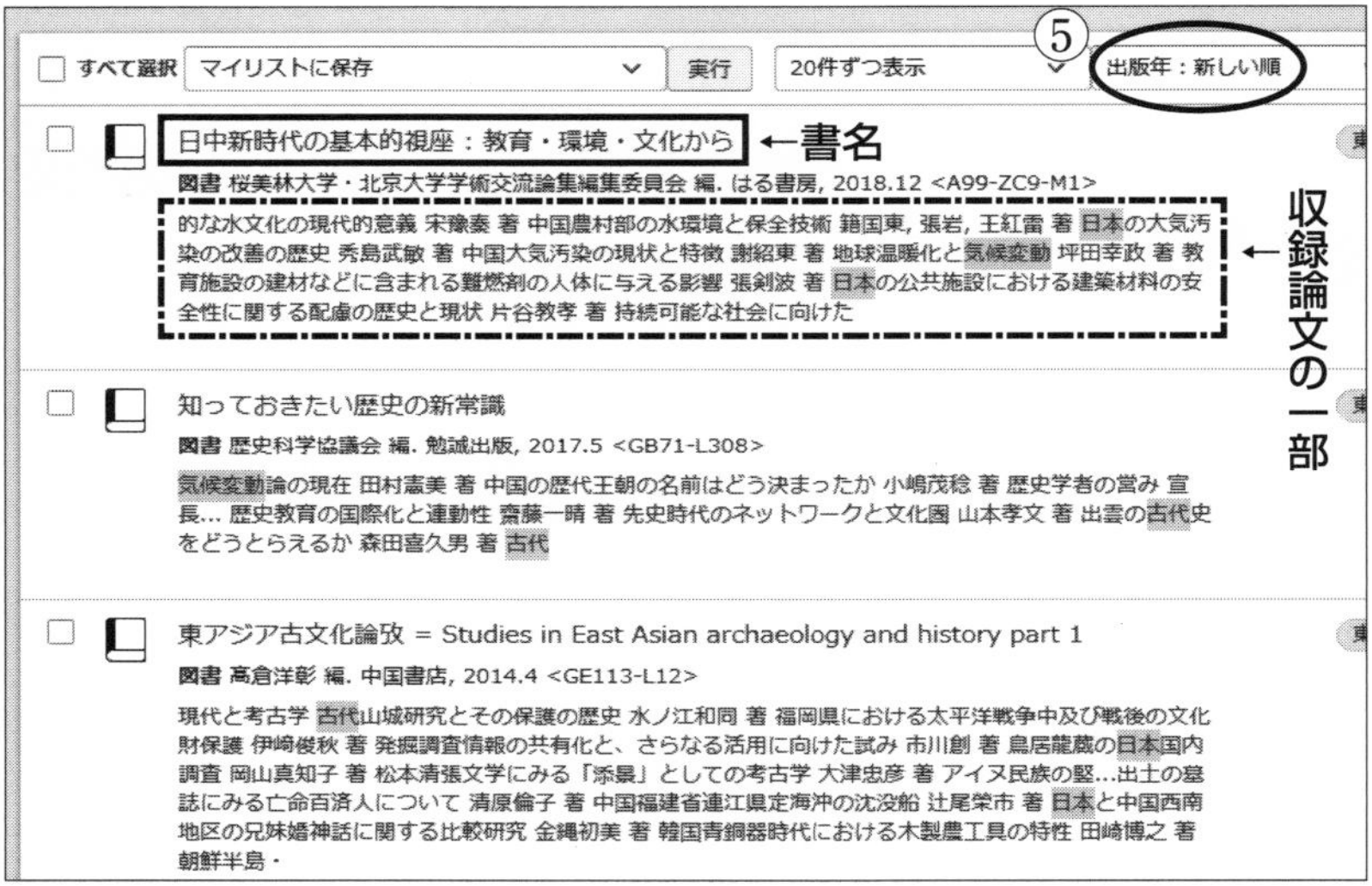
すべて選択
マイリストに保存
実行
20件ずつ表示
⑤
出版年：新しい順
日中新時代の基本的視座：教育・環境・文化から
←書名
図書 桜美林大学・北京大学学術交流論集編集委員会 編. はる書房, 2018.12 <A99-ZC9-M1>
的な水文化の現代的意義 宋豫秦 著 中国農村部の水環境と保全技術 籍国東, 張岩, 王紅雷 著 日本の大気汚染の改善の歴史 秀島武敏 著 中国大気汚染の現状と特徴 謝紹東 著 地球温暖化と気候変動 坪田幸政 著 教育施設の建材などに含まれる難燃剤の人体に与える影響 張剣波 著 日本の公共施設における建築材料の安全性に関する配慮の歴史と現状 片谷教孝 著 持続可能な社会に向けた
←収録論文の一部
知っておきたい歴史の新常識
図書 歴史科学協議会 編. 勉誠出版, 2017.5 <GB71-L308>
気候変動論の現在 田村憲美 著 中国の歴代王朝の名前はどう決まったか 小嶋茂稔 著 歴史学者の営み 宣長… 歴史教育の国際化と連動性 齋藤一晴 著 先史時代のネットワークと文化圏 山本孝文 著 出雲の古代史をどうとらえるか 森田喜久男 著 古代
東アジア古文化論攷 = Studies in East Asian archaeology and history part 1
図書 高倉洋彰 編. 中国書店, 2014.4 <GE113-L12>
現代と考古学 古代山城研究とその保護の歴史 水ノ江和同 著 福岡県における太平洋戦争中及び戦後の文化財保護 伊崎俊秋 著 発掘調査情報の共有化と、さらなる活用に向けた試み 市川創 著 鳥居龍蔵の日本国内調査 岡山真知子 著 松本清張文学にみる「添景」としての考古学 大津忠彦 著 アイヌ民族の堅…出土の墓誌にみる亡命百済人について 清原倫子 著 中国福建省連江県定海沖の沈没船 辻尾栄市 著 日本と中国西南地区の兄妹婚神話に関する比較研究 金縄初美 著 韓国青銅器時代における木製農工具の特性 田崎博之 著 朝鮮半島・

【画面 5】

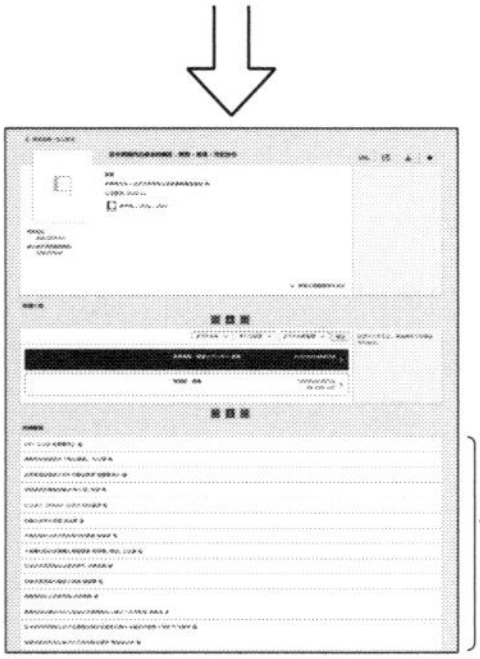

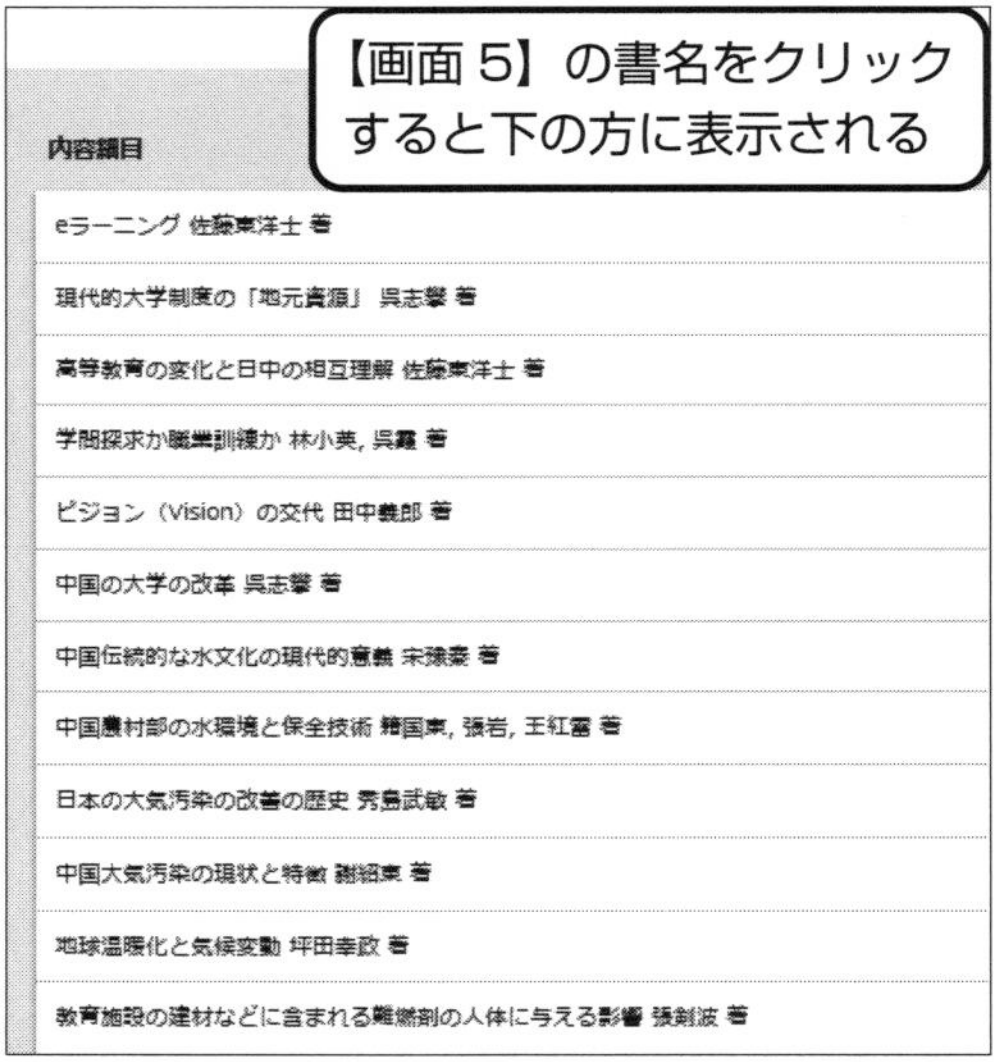
【画面 5】の書名をクリックすると下の方に表示される
内容細目
eラーニング 佐藤東洋士 著
現代的大学制度の「地元資源」 呉志攀 著
高等教育の変化と日中の相互理解 佐藤東洋士 著
学問探求か職業訓練か 林小英, 呉霜 著
ビジョン（Vision）の交代 田中義郎 著
中国の大学の改革 呉志攀 著
中国伝統的な水文化の現代的意義 宋豫秦 著
中国農村部の水環境と保全技術 籍国東, 張岩, 王紅雷 著
日本の大気汚染の改善の歴史 秀島武敏 著
中国大気汚染の現状と特徴 謝紹東 著
地球温暖化と気候変動 坪田幸政 著
教育施設の建材などに含まれる難燃剤の人体に与える影響 張剣波 著

【画面 6】

収録論文の一覧が表示される。収録論文は一部のみの場合や、全く表示されない場合もある。収録図書の書名がわかったら、普段利用する図書館の蔵書検索でこの本の所蔵を確認しよう。

・出典の書き方

図書に収録された論文の情報は、以下のように記すのがよい。

坪田幸政「地球温暖化と気候変動」桜美林大学・北京大学学術交流論集編集委員会編『日中新時代の基本的視座：教育・環境・文化から』はる書房、二〇一八年

編者名以下を（　）で括ったり、末尾に該当頁を入れたりする場合もある。

注

（1）NDL Onlineにおいて図書の収録論文は、書誌データの「内容細目」もしくはレファレンス用に採録された「目次データ」で採録される仕組みである。それぞれ異なる基準があり、「内容細目」では収録論文の一部だけを採録する場合もあるし、全く採録しない場合もある。また、「内容細目」と「目次データ」で二重に採録しているものもある。

（2）NDL Onlineを「雑誌記事」に絞り検索しても、CiNii-Articlesの検索結果とは一致しない。これは、国立国会図書館の雑誌記事採録基準に、二ページ以下の記事が含まれないことや、採録対象誌が限られている（すべての雑誌から論文記事を採録していない）ことなどが挙げられる。「雑誌記事索引記事採録基準」や「雑誌記事索引採録誌選定基準」は国立国会図書館のウェブサイトに掲載されている。

25 magazineplus（マガジンプラス）　日外アソシエーツ（契約データベース・有償）

・活用方法——地方史文献が検索

大学図書館や公共図書館など有償で契約している図書館で利用できる。24 NDL Online で検索可能な雑誌記事のほか、23 CiNii-Articles で連携される J-STAGE のオープンアクセスジャーナルのほか、これまで日外アソシエーツが刊行してきたさまざまな書誌が収録されている。詳細は日外アソシエーツウェブサイト「magazineplus の概要」を参照。

日本史分野では、ほぼ23 CiNii-Articles や以下で紹介するデータベースと検索結果は重複するが、独自のデータとして岩田書院の『地方史文献年鑑』一九九七年から二〇一五年分を収録した点が注目できる。自治体史に収録されている月報の記事など、入手しづらい論文の情報を探すことができる。

分野別データベース

特定分野の論文などが探せるデータベースを以下で紹介する。以下のデータベースで探せる論文は、雑誌と図書両方に収録されたものである。

26 国文学論文目録データベース　国文学研究資料館

URL http://base1.nijl.ac.jp/~rombun/

日本史の隣接分野である国文学分野の論文データベースである。収録データは国文学研究資料館編『国文学年鑑』の文献目録に掲載された論文を中心に、明治二十一年（一八八八）以後の論文が検索できる。

・活用方法――タイトルにない語からも探せる

このデータベースは、論文に言及されるおもな作者名・作品名がデータに含まれるため、タイトルにその語が含まれていなくても見つけられる特徴がある。例えば、九世紀の人物「小野篁《おののたかむら》」で検索した際には、タイトルに「小野篁」が含まれてない吉田修作の「伝承の人麻呂」（『古代の文学と民俗』一九八〇年）という論文も見つけることができる。このほか、「特集名や、当該作品を収録している短編集・評論集などのタイトル、連作長編の総タイトルや雑誌名、新聞名」もデータ入力されている。(1)

注

（1）国文学論文目録データベースパンフレット。http://base1.nijl.ac.jp/~rombun/kokubundbver2.pdf

27　延喜式関係論文目録データベース　国立歴史民俗博物館

URL https://www.rekihaku.ac.jp/up-cgi/login.pl?p=param/boed/db_param

・活用方法——再録書名を調べられる

虎尾俊哉編『訳注日本史料　延喜式』（集英社、全三冊、二〇〇〇—一七年）の注釈部分に載せられた論文や雑誌『延喜式研究』一～三〇（一九八八—二〇一五）掲載論文に加え、試行版で限定公開の法政大学国際日本学研究所「日本古代史関係研究文献目録データベース」からも随時データが追加されている。検索結果の「法政№」をクリックし、「日本古代史関係研究文献目録データベース」を見れば、雑誌論文の採録書を知ることができる。

28　荘園関係文献目録データベース　国立歴史民俗博物館

URL https://www.rekihaku.ac.jp/up-cgi/login.pl?p=param/ronb/db_param

・活用方法——自治体史の項目も検索できる

荘園名や牧《まき》・御厨《みくりや》などの名前をフリーワード検索して、主要文献を探すのが基本的な使い方である。

24　NDL Online で検索できない自治体史（県史や市史など）に掲載の記述も見つけられる。

29 インド学仏教学論文データベース（INBUDS）　日本印度学仏教学会

URL https://www.inbuds.net/

・**活用方法――論文本文にも連携**

日本史の隣接分野である仏教史関係の論文を検索できる。日本印度学仏教学会が構築した国内のインド学・仏教学に関する論文データベースで、**23** CiNii-Articles からの本文ＰＤＦや『印度學佛教學研究』の本文ＰＤＦへのリンクや、**35** SAT **大正新脩大蔵経テキストデータベース**の検索結果へのリンクが可能である。

（二）史料を検索できるデータベース

ここでは、史料の全文検索が可能なデータベースのうち、日本古代史・中世史を学ぶ際に便利なものを紹介する。以下の機関では複数のデータベースを作成しており、ここで紹介するフルテキストデータベース以外にも有用なものがあるので、それぞれ使ってみてほしい。

30　東京大学史料編纂所

URL https://wwwap.hi.u-tokyo.ac.jp/ships/

史料編纂所が作成しているデータベースのなかから、古代・中世のフルテキストデータベースを以下で紹介する。

奈良時代なら①、平安時代以後の古記録なら②、平安時代の古文書や法制史料などは③、鎌倉時代以降なら④（『大日本古文書』）、⑤（『鎌倉遺文《いぶん》』）というように時代や史料群により引き分けることができる。

①　奈良時代古文書フルテキストデータベース

奈良時代の正倉院文書を中心に構成される『大日本古文書』（編年文書）全二五冊（東京大学史料編纂所編、東京大学出版会、一九六八―一九七〇、初版は一九〇一―四〇）の全文検索ができる。検索結果に『大日本古文書』の収録巻・頁、前後のテキストが表示され、『大日本古文書』該当部分のイメージ画像が閲覧（プリントアウト、ダウンロードも可）できる。テキスト検索は可能だが、結果はイメージ画像での利用となる。

②　古記録フルテキストデータベース

機能は①と同様であり、一部イメージ画像が表示されない史料もある。平安時代以後の貴族の日記（古記録《こきろく》）を収録した史料編纂所編の『大日本古記録』のうち、小右記・貞信公記・九暦・御堂関白記・中右記・後二条師通記・殿暦・愚昧記・実躬卿記・岡屋関白記・深心院関白記・猪隈関白記・民経記・後愚昧記・後深心院関白記・実冬公記・中院一品記・建内記・薩戒記・上井覚兼日記・梅津政景日記に加え、宮内庁書陵部所蔵の資料を刊行した『図書寮叢刊』から御産部類記・仙洞御移徙部類記・九条家歴世記録・経俊卿記・看聞日記の全文を検索できる。さらに、『大日本近世史料』の広橋兼胤公武御用日記や『東京大学史料編纂所研究紀要』二三号と二八号に収録の中原師廉記と上賀茂社社司日記も収録されている。各史料の概要を知りたい場合は、第二章（二）で紹介した**5『日本史文献解題辞典』**が便利である。

③ 平安遺文フルテキストデータベース

竹内理三編『平安遺文《いぶん》』（東京堂出版）は古文書編一一巻、金石文《きんせきぶん》編一巻、題跋《だいばつ》編一巻、索引編二巻の計一五巻で構成される。竹内が収集した古文書を編年集成したもので、収録範囲は天応元年（七八一）から元暦二年（一一八五）八月までである。データベースではこのうち古文書編に収録された文書が検索できる。加えて、『新訂増補国史大系』収録の法制史料や文集である類聚三代格・弘仁格抄・延暦交替式・貞観交替式・新抄格勅符抄・類聚符宣抄・別聚符宣抄・政事要略・法曹類林・続左丞抄・朝野群載・本朝文粋・本朝続文粋が検索できる。このほか、『大日本史料』収録の平安時代史料や、史料紹介、展示図録、論文などで紹介されている紙背《しはい》文書などの『平安遺文』未収文書も収録されている。①②のようにイメージ画像は表示されないが、出典の巻号と掲載頁がわかる。

④ 古文書フルテキストデータベース

中世文書を中心とするデータベースで、高野山文書や東寺文書などを収録する『大日本古文書』（家分け文書、入力追加中）のほか、入来院《いりきいんけ》家文書・台明寺《だいみょうじ》文書などの古文書が検索できる。また、『中世法制史料集』『増訂織田信長文書の研究』『鹿王院《ろくおういん》文書』収録の文書も含まれている。イメージ画像は未収録のものもある。

⑤鎌倉遺文フルテキストデータベース

竹内理三編『鎌倉遺文《いぶん》』（東京堂出版）古文書編四二巻、補遺《ほい》編四巻、索引編五巻のうち、古文書編と補遺編が検索できる。イメージ画像はない。

31　国立歴史民俗博物館

「れきはく」こと国立歴史民俗博物館が作成しているデータベースの一覧は、「データベースれきはく」https://www.rekihaku.ac.jp/doc/t-db-index.html に掲載されている。

「記録類全文データベース」に分類されているもののうち、兼顕卿記と春記は一般公開されているが、左経記・天文日記・兵範記・山槐記・渋沢栄一滞仏日記は、事前に利用申請が必要である。このほか、事前申請の研究者が来館利用できる大乗院寺社雑事記・吾妻鏡・玉葉がある。

32　国際日本文化研究センター

京都にある「日文研」が提供しているデータベースの一覧は、「公開データベース」http://db.nichibun.ac.jp/pc1/ja/ に掲載されている。古代史・中世史を中心に全文検索可能なものを紹介する。

① 摂関期古記録データベース

小右記《しょうゆうき》（途中まで）・権記《ごんき》・御堂関白記《みどうかんぱくき》など摂関期の約二〇種の古記録《こきろく》の訓読文が入力されており、それを全文検索できる。底本とした原文や参考文献も挙げられている。30東京大学史料編纂所②「古記録フルテキストデータベース」と合わせて活用するのがよいであろう。

また、同じデータベースのなかで儀式書『西宮記《さいきゅうき》』の画像も閲覧できる。凡例によれば、「近世初期に書写され今出川家《いまでがわけ》（菊亭家《きくていけ》）に所蔵されていたものと思われる」とのことである。

② 古事類苑全文データベース

『古事類苑《こじるいえん》』は明治・大正年間に刊行された百科事典で、典拠史料をすべて掲載する点が特徴である。部編ごとに構成され、全五〇冊と総目録・索引一冊から成る。例えば、天部の冒頭には「天」「方角」などの見出しがあり、それぞれに関する史料が膨大に掲載されている。索引で見出し語を調べて該当巻・頁をみるのが一般的な使い方である。

データベースは作成中であり、天部、歳時部、地部、帝王部、封禄部、称量部、方技部、姓名部、人部（途中まで）、飲食部、動物部、植物部のテキストを収録する。検索結果が見づらく、標準検索と異体字対応検索の二つの検索窓があるが、異体字対応検索のほうが検索結果は見やすいように思う。本文ＰＤＦも閲覧できる。

なお、「国立国会図書館デジタルコレクション」では一九一四年に神宮司庁より刊行された『古事類苑』の画像が閲覧できるほか、国文学研究資料館のウェブサイトからも一部のテキスト検索が可能である。

東京大学史料編纂所を中心に、古記録や『新訂増補国史大系』の一部、『大日本史料』などの基本史料のテキスト検索ができるようになり、『古事類苑』を調べる機会も減った。しかし、『古事類苑』は先人の研究者により、共通の見出し項目のもとに史料が編纂されており、史料上に現れる言葉は違っても概念が同じ場合に同じ見出し項目にまとめられている。このシソーラスの機能により、一次史料のテキスト検索で見落としていた史料に出会えるかもしれない。そのきっかけが『古事類苑』のテキスト検索というのも不思議であるが……。

③　中世禅籍テクストデータベース

義堂周信『空華老師《くうげろうし》日用工夫略集』、虎関師錬『十禅支録』『続禅支録』、龍泉令淬《りゅうせんりょうずい》『海蔵和尚紀年録』のテキストを収録する。

33　国文学研究資料館「古典選集本文データベース」

URL http://base1.nijl.ac.jp/~selectionfulltext/

写本や刊本の所蔵機関や複製本の情報がわかる「日本古典籍総合目録データベース」で有名な「国

文研」が作成するデータベースは、「電子資料館」に一覧されている。https://www.nijl.ac.jp/search-find/#database

　このうち全文テキストデータベースで一般公開されているのが、「古典選集本文データベース」と「噺本大系本文データベース」である。ここでは前者について紹介する。

「古典選集本文データベース」では、二十一代集・絵入源氏物語・吾妻鏡《あづまかがみ》・栄花物語《えいがものがたり》・大鏡《おおかがみ》・今《いま》鏡《かがみ》・水鏡《みずかがみ》・増鏡《ますかがみ》・伊勢物語・沙石集《しゃせきしゅう》・竹取物語・雨月物語・土佐日記・後鳥羽院御口伝・定家和歌式・訂正出雲風土記・訂正常陸国風土記・肥前国風土記・豊後風土記・大和物語・怪物太平記・源氏絵物語・源氏物語歌合絵巻の翻刻テキストが検索できる。翻刻元は同館所蔵史料で、画像も公開されている。

34　奈良文化財研究所「木簡庫」

URL https://mokkanko.nabunken.go.jp/

奈良の文化財調査や発掘調査を行う「奈文研」が作成するデータベースには、遺跡の発掘調査報告書のＰＤＦを掲載する「全国遺跡報告総覧」など多くのデータベースが公開されている。https://www.nabunken.go.jp/research/database.html

　ここで紹介する「木簡庫」は木簡に記された文字や出土遺跡名などから検索が可能で、木簡の画像や出典となる『平城宮発掘調査出土木簡概報』などの報告書の画像も閲覧できる場合がある。

35

東京大学大学院人文社会系研究科次世代人文学開発センター

「SAT 大正新脩大蔵経テキストデータベース」

URL http://21dzk.l.u-tokyo.ac.jp/SAT/

仏典が豊富に収録された『大正新脩大蔵経』全八五巻のテキスト検索と同本のイメージ画像、東京大学総合図書館蔵の万暦版大蔵経の画像の閲覧が可能である。

36

台湾中央研究院

「漢籍電子文献」

URL http://hanji.sinica.edu.tw/

「漢籍全文資料庫」では、二十五史、十三経のほか、『朝鮮王朝実録』や『入唐求法巡礼行記』などが全文検索できる。二十五史に中華書局の評点本の該当頁が記されているのが便利である。

コラム⑨　デジタルコレクションで閲覧できる史料

国立国会図書館デジタルコレクション（http://dl.ndl.go.jp/）では、国会図書館のデジタル化資料（画像データ）を閲覧することができる。①インターネット公開資料、②図書館送信資料、③館内限定資料に区分され、①はフリーで閲覧でき、②は送信サービス参加館なら閲覧可能、③は国会図書館（東京本館、関西館、国際子ども図書館）内のみ閲覧可能である。

②には自治体史や絶版本などが含まれ、閲覧可能な公共・大学図書館は、デジタルコレクションのサイトの「図書館向けデジタル化資料送信サービス参加館一覧」に掲載されている。

③には二〇〇〇年までの雑誌も多く含まれる。本文画像は来館しないと閲覧できないが、画面左の「目次・巻号」から収録論文を確認できる。

①は著作権の保護期間が満了した戦前の出版物が中心であるが、現在でも活用できる史料が含まれているので、以下で紹介したい。収録史料名や条文名は、画面左の「目次・巻号」で確認できるものが多い。

・佐伯有義編『六国史』（朝日新聞社、一九四〇―四一年、十二冊）

いわゆる「朝日本」と呼ばれる六国史の刊本で、一・二巻が日本書紀、三・四巻が続日本紀、五巻が日本後紀、六・七巻が続日本後紀、八巻が日本文徳天皇実録、九・十巻が日本三代実録、十一巻が年表、十二巻が索引である。名著普及会から一九八二年に複製刊行されたものの元版にあたる。

- 東京帝国大学文学部史料編纂所編『大日本古文書』（東京帝国大学）
  編年文書のうち巻八（追加二）—二三（追加十七）、巻二四・二五（補遺一・二）
  家わけ第一—一五（ただし、第十—七〜第十—十一なし）
- 『大日本仏教全書』第一巻—一六〇巻（仏書刊行会、一九二二年）
  ただし、第一一三・一一四巻のみ②図書館送信資料である。
- 朝鮮総督府編『朝鮮金石総覧』（朝鮮総督府、一九一九—二三、二冊）

このほか、塙保己一編『続群書類従』（続群書類従完成会）、近藤瓶城編『史籍集覧』『続史籍集覧』（近藤出版部）、東京帝国大学文学部史料編纂所編『史料総覧』（朝陽会）などの叢書は、一部漏れもあるが、多くがインターネット公開である。また、『入唐求法巡礼行記』（東洋文庫、一九二六年、五冊）は東寺観智院本の影印であり、他にも古典籍の影印本が閲覧できる場合があるので検索してほしい。ただし、内容が増補された資料が戦後出版されている場合は、新たな研究成果が含まれている可能性が高いので、デジタルコレクションで済ませずに、図書館で増補版を手に取ってほしい。

第四章 史料を読み解く

これまで、基本事項を調べて整理する作業が中心であったが、最後に、先行研究を検証したり、自分の考察を行ったりするために必要となる史料を読み解く方法を紹介する。

史料を読む際には、読み下しと現代語訳を自分で作成することを勧める。とりわけ、主語や目的語などを明確にした現代語訳を作ることで、ようやく内容が理解できる。その作業で用いるのが辞典である。

史料の種類により読解に用いる辞典は異なるが、いずれも用例の多い辞典がよい。言葉は多義的であり、いつの時代のどのような史料にみえる使い方かを用例から判断する必要がある。ここでは、古代史・中世史の史料読解で用いる代表的な辞典を紹介したい。

（一）漢和辞典

中国史料のほか、古代の律令、六国史、法制史料、漢文の文学作品などは、中国古典からの引用なども多く、漢和辞典が有用である。

漢文史料はたとえ一文字の漢字でも、漢和辞典で調べてほしい。また、熟語は37や38の辞典でも見つからない場合がある。その際には、熟語を構成するそれぞれの漢字の意味を調べて熟語の意味を推測する。

37

世界的偉業

『大漢和辞典』

編者 諸橋轍次（修訂は鎌田正・米山寅太郎）[1] **出版社** 大修館書店 **刊行年** 一九八九―二〇〇〇年（修訂第二版） **冊数** 一五冊（第一―一二巻、索引、語彙索引、補巻） **項目数** 親字約五万字、熟語五三万語[2] **執筆者数** 著者、修訂者の三人（各項に記名なし） **配列** 部首の画数順 **索引** 有 **判型** B5判 **縦書き**

刊行時の価格 各巻一万二三六〇円（税込）、補巻は一万六〇〇〇円（税別）

＊第一巻のみで終わった戦前版（一九四三年発行）は二八円。一九五五―六〇年刊行の一三巻本は各巻五〇〇〇円。参考までに昭和十四年（一九三九）の『広辞林』は三円九〇銭、昭和三十三年（一九五八）は一二〇〇円。[3]

歴史 漢学者の諸橋轍次《もろはしてつじ》は中国（清朝）が編纂した偉大な『康熙字典《こうきじてん》』や『佩文韻府《はいぶんいんぷ》』でも調べられない漢字があるため、自ら漢和辞典の編纂を思い立つ。昭和二年（一九二七）に大修館書店から『大漢和辞典』の刊行が決まり、昭和十八年（一九四三）に第一巻が刊行された。しかし、二巻以後の原版が戦災で焼失し、出版作業は振り出しに戻る。諸橋は右目を失明したが、弟子たちと戦後新たに編纂を開始し、一九五五年から六〇年までに全一三巻が刊行された。一九八二年の諸橋の死後、一九八四―八六年には鎌田正・米山寅太郎による修訂版全一三巻が刊行され、修訂二版である本書には「語彙索引」と「補巻」が追加された。「諸橋大漢和」と呼ばれるほどの偉業は、大修館書店のウェブサイト「漢字文化資料館」内の「大漢和辞典記念室」に詳しい。また、鎌田正による『大漢和辞典と我が九十年』（大修館書店、二〇〇一年）からも、戦中・戦後の編纂者たちの情熱が伝わってくる。

・特徴＆活用方法――引かなければならない辞書

「大漢和」の文字がレジュメやレポートに書かれていないと、おそらく教員や先輩から「『大漢和辞典』は見ましたか？」と言われるであろう。それほど漢文史料の読解時に必須とされている辞書である。

修訂第二版では戦後の初版にはない「語彙索引」と「補巻」の存在が特徴となる。「語彙索引」は収録された熟語のヨミから引けるので、部首や音訓索引から漢字を検索するよりも便利である。熟語を調べるなら「語彙索引」を引けばよい。

また、「補巻」には親字約八〇〇字と熟語約三万三〇〇〇語が増補された。熟語には戦後初版にはなかった日本漢文からの出典も含まれている。奈良・平安時代の日本漢詩からの用例が38『広漢和辞典』に採用されたが、本書はそれを精選しただけでなく、さらに五山文学や江戸漢詩なども加えている。「補巻」が38にはない、日本中世・近世の漢詩を出典に含むことは覚えておいてほしい。戦後初版以後、多くの改訂がされているので、最新の修訂二版を使うことを勧めたい。

二〇一九年には、『大漢和辞典デジタル版』が大修館書店から刊行された（USBメモリ一本、一三万円、税別)。親字からの検索が可能で、該当頁のイメージ画像が閲覧できるが、全文テキスト検索はまだ実現していない。

注

(1) 語彙索引は東洋学術研究所編、補巻は鎌田正・米山寅太郎編。
(2) 大修館書店ウェブサイト。
(3) 週刊朝日編『値段の明治大正昭和風俗史』朝日新聞社、一九八一年。

コラム⑩ 『大漢和辞典』の使い方

探している漢字が何巻の何ページに載っているのかを調べるには、索引巻か語彙索引のどちらかを使う。ただし、これらの索引では補巻の収録語は引けないので、補巻の巻末索引をみるのも忘れないようにしたい。

索引巻を使う

漢字一字を調べる際には、索引巻を使用する。調べたい漢字の音読みか訓読みのどちらかがわかる場合は、「字音索引」（音読みで引く）や「字訓索引」（訓読みで引く）を引けば、該当の漢字の掲載巻とページを知ることができる。

ヨミが全くわからない場合には、「総画索引」で画数から探す方法と、「部首索引」で部首から探す方法がある。画数が少ない場合に「総画索引」は有効だが、複雑な漢字の画数を正確に数え、該当の漢字を探すのは困難である。その場合に「部首索引」を使うのがよい。

「部首索引」は修訂版・修訂第二版の一巻から索引巻までの表紙見返しについている（語彙索引にはない）。また、一枚ものの部首索引が『大漢和辞典』のそばに備え付けられた図書館もある。部首索引では、その部首の漢字が収録されている巻と冒頭のページを調べられるが、収録巻がわかればよい。収録巻がわかれば、その巻頭の「総文字」の一覧をみる。部首ごとに画数順で漢字が配列されているので、探したい漢字の画数（部首を除いた画数）を数え、該当のページを調べよう。これでようやく探したい漢字に辿り着くことができる。

このように、部首や画数から漢字を探す方法は複雑である。探している漢字が一字であっても、後ろに漢字を足して熟語を作り、熟語のヨミから語彙索引を引く方法もある。漢字を知らないと漢字を調べられないのが多くの漢和辞典の特徴である。

語彙索引を使う

熟語を調べる場合には、語彙索引を使う。語彙索引を所蔵していない図書館もあるので、その場合は熟語の冒頭の漢字を索引巻で調べることになる。

語彙索引は熟語のヨミから引くことができる。語彙索引をみるだけで、探している熟語が、『大漢和辞典』に掲載されているのかがわかるので便利である。また、熟語は上下逆に使われることもある。例えば、『日本後紀』延暦十八年九月辛酉条に出てくる「允依」という熟語は、「インイ」で語彙索引には見つからないが、「依允」（イイン）では掲載されており、承知するの意味であるとわかる。なお、上下逆転すると意味が変わる熟語もあるので、最終的には史料の文脈から意味を理解するべきである。

38

国字や古代日本漢詩を収録した
『広漢和辞典』

編者 諸橋轍次・鎌田正・米山寅太郎　**出版社** 大修館書店　**刊行年** 一九八一―八二年
冊数 四冊（上・中・下・索引）
項目数 親字約二万字、熟語約一二万語　**執筆者数** 不明（各項に記名なし）
配列 部首の画数順　**索引** 有（索引巻）　**判型** B5判　**縦書き**
刊行時の価格 各巻一万四〇〇〇円、索引は一万円
歴史 昭和二十一年（一九四六）の当用漢字制定により、使用できる漢字が制限されたことは漢和辞典の編纂にも影響を与えた。本書は膨大で詳しすぎる『大漢和辞典』との差別化を図り、時代にふさわしい中規模の漢和辞典として編纂された。『大漢和』の親字の字音が『集韻《しゅういん》』に基づいていたのに対し、本書は『広韻《こういん》』を基本としたという。諸橋の白寿記念として企画されたが、刊行終了の十二月に諸橋の逝去となった。

• 特徴&活用方法――日本漢文からの用例を増補

37『大漢和辞典』を精選し、新たに国字《こくじ》・異体字《いたいじ》・俗字《ぞくじ》・中国簡体字《かんたいじ》などを加え、字体や音訓表記は常用漢字と現代仮名遣いとした。特徴の一つは、用例の典拠となる漢文に返り点と送り仮名をつけ

読みやすくしたこと（37は送り仮名がない）、もう一つは、戦後の初版大漢和が収録しなかった日本の漢詩文集『懐風藻《かいふうそう》』『凌雲集《りょううんしゅう》』『菅家文草《かんけぶんそう》』『和漢朗詠集《わかんろうえいしゅう》』『本朝文粋《ほんちょうもんずい》』などからも熟語を採録したことである。上述のように、37の「補巻」は本書が採録していない五山文学や江戸漢詩の用例を含むが、一方で、奈良・平安時代の漢詩文の用例は本書から選択して収録したため、奈良・平安時代の用例は本書の方が多く収録されている。

39

古辞書の古訓がある
『学研新漢和大字典』

編者 藤堂明保・加納喜光　**出版社** 学習研究社　**刊行年** 二〇〇五年　**冊数** 一冊

項目数 親字一万九七〇〇字、熟語約一二万語　**執筆者数** 不明[1]（各項に記名なし）

配列 部首の画数順　**索引** 無　**判型** Ａ５判　**縦書き**

刊行時の価格 八八〇〇円（税別）

歴史 一九七八年の藤堂明保編『学研漢和大字典』の改訂版として、その後の漢字の環境変化や二〇〇四年の人名用漢字制定に対応して出版された。当初より藤堂学説による漢字の成り立ちを説明する解字欄が特徴である。藤堂学説については、巻末に加納喜光による解説「記号学から見た漢字——藤堂学説を理解するために——」がある。

●特徴&活用方法——古訓がわかる

古記録や古文書を読んでいて、当時の言葉のヨミが知りたい場合、多くは（二）で紹介する国語辞典や古語辞典を引くことになるが、本書は漢和辞典でありながら、『新撰字鏡』『倭名類聚抄』『類聚名義抄』（観智院本・図書寮本）の古辞書のヨミ（古訓）がある。

本書のほかに古訓がわかる漢和辞典として次の二つを挙げる。

尾崎雄二郎［ほか］編『角川大字源』角川書店、一九九二年

鎌田正・米山寅太郎著『大漢語林』大修館書店、一九九二年

●ハンディな漢和辞典

手元において漢文を読む時には、B6判の漢和辞典が便利である。おもなものを紹介する。

a小川環樹・西田太一郎・赤塚忠・阿辻哲次・釜谷武志・木津祐子編『角川新字源』改訂新版、角川書店、二〇一七年

漢字一万三五〇〇字、熟語一〇万五〇〇〇語を収録。中国古典からの用例が豊富である。

b戸川芳郎監修・佐藤進・濱口富士雄編『全訳漢辞海』第四版、三省堂、二〇一七年

漢字一万二五〇〇字、熟語八万という収録数や漢文の用例数はaより少ないが、用例に出典だけでなく書き下し文と日本語訳が記されているのが特徴である。

注

（1）一九七八年の旧版に収録された約一万一〇〇〇字の解説は藤堂明保に拠るが、改訂版で追加された約九〇〇〇字については明記されていない。

（二）国語辞典・古語辞典

平安時代以降の古記録や古文書には、中国漢文とは異なる言葉の使い方がみえる。また、奈良時代においても仏教用語などは漢和辞典で引けないことがある。このような場合に活用するのが国語辞典や古語辞典である。使う際には用例の出典に注目してほしい。例えば、近代の史料にのみ現れる意味ならば、古代や中世まで遡らせるのは慎重になるべきである。

40
日本的な意味を知るには
『日本国語大辞典』

編者　日本国語大辞典第二版編集委員会・小学館国語辞典編集部　出版社　小学館
刊行年　二〇〇〇―〇二年（第二版）
冊数　一四冊（本編一三冊、別巻（漢字索引・方言索引・出典一覧）一冊）
項目数　約五〇万、用例数約一〇〇万　執筆者数　三〇〇〇人以上[1]（各項に記名なし）
配列　ヨミの五十音順　索引　有（別巻に漢字索引と方言索引）　判型　B5判　縦書き
刊行時の価格　各巻一万五〇〇〇円（税別）

歴史　四五万項目、七五万用例を収録した初版二〇巻は一九七二年～七六年に刊行された。当時主流だった国語辞典（冨山房『大日本国語辞典』、大槻文彦『大言海』、平凡社『大辞典』）は大正時代から昭和初期の編纂で、新しい言葉が反映されていないことへの不満や、国語学の進歩が背景にあった[2]。一九九〇年から編集が始まる第二版は、「二十世紀までの日本語を集大成し、次世代に継承する」（第二版・刊行のことば）事業であった。一三巻末に初版の「編集後記」と第二版の「あとがき」があり、編纂過程がまとめられて、ジャパンナレッジウェブサイトにも掲載されている。

・特徴&活用方法——時代に合った用例を知る

本書の用例の多さは定評があり、第二版では用例の出典に成立年（または刊行年）が追加された。また、古辞書の記載も加えられているので、古訓を知る際にも便利である。ジャパンナレッジに収録されている。

・『精選版』はコトバンクで利用可能

本書から用語を精選し、三冊にまとめたのが『精選版日本国語大辞典』（小学館、二〇〇六年）である。朝日新聞社のフリーのインターネット百科事典「コトバンク」https://kotobank.jp/ に収録され、便利に利用できる。

注

（1）「第二版の特色」ジャパンナレッジウェブサイト「日本国語大辞典」書籍版紹介。https://japanknowledge.com/contents/nikkoku/book_first03.html

（2）「『日本国語大辞典』の編纂とその意義（初版刊行時座談会）」前掲注（1）ウェブサイト。

41
時代特有の意味を調べる
『時代別国語大辞典』

編者（上代編）上代語辞典編修委員会編、（室町時代編）室町時代語辞典編修委員会

出版社 三省堂　**刊行年**（上代編）一九六七年、（室町時代編）一九八五―二〇〇一年

冊数（上代編）一冊、（室町時代編）五冊

項目数（上代編）八五〇〇、（室町時代編）一巻約一万五〇〇〇、二巻約二万、三・四巻不明、五巻約一万[1]　**執筆者数** 不明（各項に記名なし）

配列 ヨミの五十音順　**索引** 無　**判型** B5判　**縦書き**

刊行時の価格（上代編）一万一〇〇〇円、（室町時代編）一巻三万五〇〇〇円、二巻三万七〇〇〇円（税込）、三巻四万五〇〇〇円（税込）、四巻四万五〇〇〇円（税別）、五巻四万五〇〇〇円（税別）

歴史 昭和十六年（一九四一）の企画当初は、奈良・平安・鎌倉・室町・江戸の各時代の刊行が予定されていたが、戦局の激化から昭和二十年に中断された。昭和三十一年（一九五六）に奈良・平安・室町の編纂が再開され、現在までに上代編と室町時代編が刊行されている。

・特徴&活用方法——室町時代編の充実

五冊に及ぶ室町時代編の充実ぶりは他の辞書にはない特徴といえる。室町時代には公家・武家・庶民の異なる階層で言葉が残されている。室町時代の言葉は「日本語の近代化への推移を記述する上で極めて重要な位置を占めるはずの性格」を持つという（室町時代編五「あとがき」）。引用史料はキリシタンの語学書にも及ぶ。中世の古文書や古記録を読む際には利用されたい。

・類書

a中村幸彦・岡見正雄・阪倉篤義編『角川古語大辞典』角川書店、一九八二―九九年、五冊約一〇万語を収録する。[2]二〇〇二年刊行のCD―ROM版がジャパンナレッジのコンテンツとして収録された。全文検索や用例の出典からの検索も可能である。

b築島裕［ほか］編『古語大鑑』東京大学出版会、二〇一一年―刊行中
全四巻の予定で、現在第一巻（あ～お）、第二巻（か～さ）まで刊行されている。上代から南北朝時代（十四世紀後半）までに用いられた「古代日本語」を対象にした辞典で、特に上代から鎌倉時代までに重点を置く。

注
（1）三省堂ウェブサイト。
（2）KADOKAWAウェブサイト。

（三）　古文書用語辞典・くずし字辞典

古文書に使用される独自の表現を調べるには、古文書専用の辞典を使うのがよい。

42 古文書用語を調べるには
『古文書用字用語大辞典』

編者 荒居英次［ほか］編　出版社 柏書房　刊行年 一九八〇年　冊数 一冊
項目数 五五〇〇　執筆者数 約一五〇人（各項に記名）
配列 ヨミの五十音順　索引 有　判型 Ｂ５判　縦書き
刊行時の価格 一万五〇〇〇円
歴史 一九七〇年創立の柏書房は、現在に至るまで古文書に関する本を多く出版している。一九八〇年に刊行された本書と『古文書文例大字典』（岩沢愿彦［ほか］編）は、早い段階での古文書専門の辞典であり、今日においても古文書学の基本文献となっている。

・**特徴&活用方法**――古文書用語の基本

古代から明治中期頃までの古文書にみられる用語や古文書学関係用語を収録する。仏教や神道、キリシタン関係の文書や、北海道・沖縄関係の文書も含む。古文書にみられる用語には出典を示す。参考資料として、「古文書の様式と分類」や白黒図版の「古文書影譜」、「刊行古文書集一覧」「記録一覧」「異体字一覧」などがある。

・類書

a 林陸朗監修『古文書古記録難訓用例大辞典』柏書房、一九八九年

古代から近代初期までの古文書・古記録において、特殊で難読・難解な語彙や慣用句を収録する。配列は漢和辞典同様、部首の画数順。ヨミと意味のほか、用例と出典が載せられている。巻末には項目の音訓読みの五十音順索引がある。

b 阿部猛編著『古文書古記録語辞典』東京堂出版、二〇〇五年

古文書・古記録の用語のうち、おもに古代・中世に用いられた九五〇〇語を収録する。出典の記載は僅かだが、参考文献を付す項目がある。

43

くずし字辞典の定番

『くずし字用例辞典』

編者 児玉幸多編　**出版社** 東京堂出版　**刊行年** 一九九三年（初版は一九八一年近藤出版社刊）

冊数 一冊　**項目数** 六四〇六字[1]　**執筆者数** 不明（各項に記名なし）

配列 部首の画数順　**索引** 有　**判型** 四六判　**縦書き**

刊行時の価格 五八〇〇円（税別）

歴史 倒産した近藤出版社でロングセラーとなっていた本書と類書の『くずし字解読辞典』（児玉幸多編）について、読者の要望が強く一九九三年に東京堂出版から復刊された[2]。

・特徴&活用方法――古文書読解の基本

『くずし字解読辞典』が、くずし字の起筆順の配列で検索に不便であったため、本書は漢和辞典と同じ配列にした。このため、見当がつく字を確認する際に利用すべきであり、全く字が読めない際には起筆順の『くずし字解読辞典』を用いるべきであろう。いずれも、よく使われる熟語や文章表現が用例として掲載されているのが便利である。

・電子くずし字字典（東京大学史料編纂所）

URL https://wwwap.hi.u-tokyo.ac.jp/ships/shipscontroller

第三章で紹介した30東京大学史料編纂所データベースに「電子くずし字字典」がある。文字を入力して検索すると、『草書大字典：草露貫珠』や史料編纂所所蔵の画像から同じ文字の画像が表示される。部首検索や語句検索も可能である。紙のくずし字辞典の引きにくさを解消したといえるだろう。

注

（1）東京堂出版ウェブサイト。

（2）『朝日新聞』一九九三年三月十四日東京朝刊一一頁。

（四）史料の注釈書・現代語訳

読み下しや用語の注釈（解説のこと）を載せる注釈書が出版されていれば、史料の読解の参考になる。ここでは、古代・中世史において代表的な史料の注釈書のうち、校訂本文や読み下し、注釈が揃った注釈書を優先して紹介する。注釈書に示された内容も先行研究であるから、レポートなどで紹介する際には、出典名を明記してほしい。

なお、文学作品の注釈書は省略したが、岩波書店の『（新）日本古典文学大系』や小学館の『新編日本古典文学全集』があるので、[1]そちらを参照してほしい。また、現代語訳のみの本も紹介するが、現代語訳は解釈の一例なので信用しすぎず、必ず別の本で史料本文も見てほしい。史料の複製本の情報は第二章（二）5『日本史文献解題辞典』や、国文学研究資料館「日本古典籍総合目録データベース」で調べることができる。

①　六国史

六国史全体のテキストには、『新訂増補国史大系』（吉川弘文館）や、「朝日本」と呼ばれる佐伯有義校訂・標注『六国史』（名著普及会、朝日新聞社刊の複製）がある。後者は注釈が付されている。戦前の朝日新聞社刊の本文画像が「国立国会図書館デジタルコレクション」で閲覧できる（コラム⑨）。
以下では六国史を構成する『日本書紀』から『日本三代実録』までの注釈書を挙げる。

【日本書紀】

a坂本太郎・家永三郎・井上光貞・大野晋校注『日本書紀』上下（日本古典文学大系新装版、岩波書店、一九九三年、二冊）＊元版は一九六五―六七年刊

校訂本文　読み下し　注釈　底本　神代紀は卜部兼方本、それ以外が卜部兼右本

特徴　校注担当者のうち大野晋を除く三者は歴史学者で、それ以外の歴史研究者も注解に加わっており、歴史的な分析が中心である。日本史専攻なら必ず参照してほしい。

b小島憲之・直木孝次郎・西宮一民・蔵中進・毛利正守校注・訳『日本書紀』一―三（新編日本古典文学全集、小学館、一九九四―九八年、三冊）

校訂本文　読み下し　注釈　現代語訳　底本　寛文九年版本

特徴　上代文学の研究者が中心となるので、歴史中心のaとは異なる視点が含まれる。現代語訳が特徴であるが、注釈が少なく（頭注のみ）、解釈の根拠が十分とはいえない。『新編日本古典文学全集』はジャパンナレッジからの検索や閲覧が可能で便利だが、ab両者の性格の違いを知ったうえで使い分けてほしい。

【続日本紀】

a青木和夫・稲岡耕二・笹山晴生・白藤禮幸校注『続日本紀』一―五・別巻（新日本古典文学大系、岩波書店、一九八九年―二〇〇〇年、六冊）

校訂本文 読み下し 注釈 底本 蓬左文庫本

特徴 本文・読み下し・注釈のすべてを揃えた『続日本紀』の注釈書は本書のみであり、古代史研究の基本文献である。本書以前の主流なテキストであった『新訂増補国史大系』とは、底本が異なるため（『新訂増補国史大系』は宮内庁書陵部蔵谷森本）、校訂テキストにも違いが生じる。以下のb直木の現代語訳やc林の読み下しは『新訂増補国史大系』に基づいている。

b直木孝次郎他訳注『続日本紀』一―四（平凡社〈東洋文庫〉、一九八六―九二年、四冊）

現代語訳 注釈 ＊東洋文庫はジャパンナレッジから検索・閲覧が可能

c林陸朗『完訳・注釈続日本紀』一―七（現代思潮社、一九八五―八九年、七冊）

読み下し 注釈 ＊書名に「完訳」とあるが現代語訳はないので注意

d宇治谷孟『続日本紀　全現代語訳』上中下（講談社〈講談社学術文庫〉、一九九二―九五年、三冊）

現代語訳 ＊底本の記載はなし

e皇学館大学史料編纂所編『続日本紀史料』一―二〇（皇学館大学出版部、一九八七―二〇一四年、二〇冊）

校訂本文

特徴 『続日本紀』に収録される文武元年（六九七）から延暦十年（七九一）までの史料を、『続日本紀』以外からも集めて編年順に掲載する。正倉院文書や法制史料、中国史料、出土文字史料などが含まれる。正倉院文書については、『大日本古文書』編年文書収録の異体字がわからない時に、本書と対照するとよい。

【日本後紀】

a黒板伸夫・森田悌編『訳注日本史料　日本後紀』（集英社、二〇〇三年、一冊）

校訂本文　読み下し　注釈　底本　宮内庁書陵部蔵谷森善臣旧蔵の塙版本

特徴　『日本後紀』は四〇巻のうち一〇巻が残存するのみである。本書はこの一〇巻に加え、『日本紀略《にほんきりやく》』や『類聚国史《るいじゅこくし》』などから逸文《いつぶん》（散逸した文章）を集めて編年に構成した。このため、各条文の出典が『日本後紀』なのか、逸文から補ったのかを注意したい。

b森田悌『日本後紀　全現代語訳』上中下（講談社〈講談社学術文庫〉、二〇〇六―〇七年、三冊）

校訂本文　現代語訳　底本　新訂増補国史大系や朝日本、aの集英社本の成果とその後の研究を参照

【続日本後紀】

森田悌『続日本後紀　全現代語訳』上下（講談社〈講談社学術文庫〉、二〇一〇年、二冊）

校訂本文　現代語訳　底本　新訂増補国史大系や朝日本の成果とその後の研究を参照

【日本文徳天皇実録】

『新訂増補国史大系』と朝日本のみ。それ以外の注釈書は現在刊行されていない。

【日本三代実録】

武田祐吉・佐藤謙三訳『読み下し日本三代実録』上下（戎光祥出版、二〇〇九年、二冊、大岡山書店一九三五年—四一年の複製）＊同じ元本を複製した『訓読日本三代実録』臨川書店、一九八六年もある。

読み下し　底本　おもに朝日本

【外交史料】

鈴木靖民・金子修一・石見清裕・浜田久美子編『訳註日本古代の外交文書』（八木書店、二〇一四年）

校訂本文　読み下し　注釈　現代語訳

②　律令格式

【養老律令《ようろうりつりょう》】

a 井上光貞・関晃・土田直鎮・青木和夫校注『律令』（日本思想大系新装版、岩波書店、一九九四年）

校訂本文　読み下し　注釈

底本（名例律上・賊盗律）国立公文書館内閣文庫蔵紅葉山文庫本、（衛禁律・職制律）東洋文庫広橋家本、（闘訟律）東京国立博物館蔵九条家本延喜式紙背、（神祇令）宮内庁書陵部蔵藤波本、（僧尼令）国学院大学蔵猪熊本、（職員令・後宮職員令・東宮職員令・家令職員令・廐牧令・假寧令・喪葬令）無窮会蔵『令集解』、（その他の令）国立公文書館内閣文庫蔵紅葉山文庫本

特徴 養老律は一部の写本が伝わるのみであり、養老令は、平安時代の注釈書『令義解《りょうのぎげ》』（官撰）や『令集解《りょうのしゅうげ》』（私撰）に引用される条文から大部分が復元できる。倉庫令、医疾令の逸文も収録する。

b律令研究会編『譯註日本律令』二・三（律本文篇上下）（東京堂出版、一九七五年）

校訂本文 ＊現存する養老律以外の復元条文も載せ、唐律疏議の条文と対照させている。

【延喜式《えんぎしき》】

虎尾俊哉編『訳注日本史料　延喜式』上中下（集英社、二〇〇〇年―一七年、三冊）

校訂本文 読み下し 注釈 底本 国立歴史民俗博物館蔵土御門本

③ 古記録

【小右記《しょうゆうき》】

a 黒板伸夫監修・三橋正編『小右記註釈　長元四年』上下（小右記講読会、二〇〇八年、二冊）

校訂本文　読み下し　注釈　底本 旧伏見宮本（宮内庁書陵部蔵）

特徴 藤原実資《ふじわらのさねすけ》の日記『小右記』貞元二年（九七七）～長久元年（一〇四〇）のうち、長元四年（一〇三一）部分について収録する。加えて、同年の源経頼の日記『左経記《さけいき》』や『日本紀略』の本文（『左経記』は読み下しも）を掲載する。

b 倉本一宏編『現代語訳小右記』一―一六〈予定〉（吉川弘文館、二〇一五年―刊行中）

現代語訳（各巻末に用語解説あり）

c 下向井研究室「『小右記』訓読・現代語訳・注釈（稿）」一―（『史人』三―、広島大学大学院教育学研究科下向井研究室編、二〇一一年―連載中）

読み下し　現代語訳　注釈　＊寛弘八年（一〇一一）二月四日条―

d「『小右記』註釈」一―（『古代文化』六七（一）―、二〇一五年―連載中）

読み下し　注釈

e 古日記輪読会『訓読小右記　長徳元年～長保元年』（古日記輪読会、一九九六年）、「小右記訓読稿」（『高松大学紀要』二八―三六、一九九七―二〇〇一年）＊寛弘元年（一〇〇四）七月―長和二年（一〇一三）春

読み下し　注釈

【御堂関白記《みどうかんぱくき》】

a 山中裕編『御堂関白記全註釈』第一―一六巻（思文閣出版、二〇〇三―一二年、一六冊）

校訂本文 読み下し 注釈 底本 陽明文庫本

b 倉本一宏訳『藤原道長「御堂関白記」全現代語訳』上中下（講談社〈講談社学術文庫〉、二〇〇九年、三冊）

現代語訳

【権記《ごんき》】

倉本一宏訳『藤原行成「権記」全現代語訳』上中下（講談社〈講談社学術文庫〉、二〇一一―一二年、三冊）

現代語訳

④ 儀式書

【北山抄《ほくざんしょう》】

阿部猛編『北山抄注解』巻一・巻十（東京堂出版、一九九六―二〇一二年、二冊）

校訂本文 読み下し 注釈 底本 （巻一）故実叢書本、（巻十）京都国立博物館蔵藤原公任自筆本

⑤ 中世史料

【吾妻鏡《あずまかがみ》】

a 高橋秀樹編『吾妻鏡』巻一—十〈予定〉（和泉書院、二〇一五年〜刊行中）

校訂本文　＊人名注・説明注付　底本　吉川史料館所蔵本

b 五味文彦・本郷和人・西田友広編『現代語訳吾妻鏡』一—一六・別巻（吉川弘文館、二〇〇七—一六年、十七冊）

現代語訳　注釈

c 貴志正造訳注・永原慶二監修『全訳吾妻鏡』第一—五・別巻（新版、新人物往来社、二〇一一年、六冊）

訓読

d 龍肅訳注『吾妻鏡』巻一—五（岩波書店〈岩波文庫〉、一九三九—四四年、五冊）未完（全八巻予定）

訓読

【法制史料】

a『中世政治社会思想』上・下（日本思想大系新装版、岩波書店、一九九四年、二冊）

校訂本文　読み下し　注釈　底本　史料ごとに異なるが、『中世法制史料集』など刊本が中心。

上巻には幕府法（御成敗式目〈付北条泰時消息〉・追加法・建武式目・追加法）、武家家法（宗像氏事書・相良氏法度・今川仮名目録・塵芥集〈付蔵方之掟〉・結城氏新法度・六角氏式目）、家訓（北条重時家訓・北条実時家訓・朝倉英林壁書・早雲寺殿廿一箇条・毛利元就書状〈四通〉）、置文（渋谷定心置文他〈十三通〉）、一揆契状（山内一族一揆契約状他〈十七通〉）、竹崎季長絵詞を収録。

下巻には公家・庶民の法や規範の意識を表す史料を収録する。

公家思想として、制符・事書他（建久二年三月廿二日宣旨、弘長三年四月卅日神祇官下文・弘長三年八月十三日宣旨・弘安八年十一月十三日宣旨・元亨元年四月十七日官宣旨・建武親政の法・暦応雑訴法）、明法勘文（明法条々勘録・承元二年四月三日明法勘文）、奏状（徳大寺実基政道奏状・吉田定房奏状・北畠顕家奏状）を、庶民思想として掟書、申状、落書・祭文・盆踊唄を収める。

b黒田俊雄編『訳注日本史料　寺院法』（集英社、二〇一五年）

校訂本文　読み下し　注釈　底本　史料ごとに異なる。

鎌倉・室町時代を中心とする寺院関係の法制史料を集めた史料集。「中世国家と顕密寺院」「真言」「天台」「南都」「禅宗」の五編で構成される。

【古記録】

a看聞日記《かんもんにっき》

薗部寿樹「『看聞日記』現代語訳（一）―」（『米沢史学』と『山形県立米沢女子短期大学紀要』に連載中、二〇一四―）

現代語訳

b
玉葉《ぎょくよう》
高橋貞一『訓読玉葉』第一―八（高科書店、一九八八―九〇年）
読み下し

c
建内記《けんないき》
近藤好和編著『建内記註釈』一・二（日本史史料研究会企画部、二〇〇九―刊行中）
本文　読み下し　注釈　大意　　底本　大日本古記録本

d
椿葉記《ちんようき》
『村田正志著作集第四巻　証註椿葉記』（思文閣出版、一九八四年）
底本の影印　本文　注釈　　底本　三条西家旧蔵の家蔵本

e
花園天皇宸記《はなぞのてんのうしんき》
村田正志編『和訳花園天皇宸記』第一―三（続群書類従完成会、一九九八―二〇〇三年、三冊）
訓読

f
政基公旅引付《まさもとこうたびひきつけ》
泉佐野市史編さん委員会編『新修泉佐野市史』第五巻史料編　中世二（泉佐野市、二〇〇一年）
訓読　注釈

g
明月記《めいげつき》
今川文雄訳『訓読明月記』第一―六（河出書房新社、一九七七―七九年、六冊）

訓読

【外交史料】

田中健夫編『善隣国宝記・新訂続善隣国宝記』（集英社、一九九五年）

本文 読み下し 注釈 底本『善隣国宝記』は明暦三年版本、『続善隣国宝記』は文書ごとに異なる。

注

（1）小学館『新編日本古典文学全集』は現代語訳が付けられている点に特徴がある。ジャパンナレッジの「本棚」にも収録されている。

第五章

時代や地域の全体像を知る

論文では特定のテーマのみが論じられるので、ここでは、時代の全体像を知るための通史と、地域の全体像の知るための都道府県史を紹介する。論文と併読することを勧める。

（一）通　史

おもな通史を紹介したい。複数巻のものは、多くが時代別に構成されている。関心のある時代から手に取るのでもよい。

【初学者向け】

① 平川南・五味文彦・大石学・大門正克編『Jr.日本の歴史』一―七（小学館、二〇一〇―一一年、七冊）

一・二が原始～古代、三・四が中世、五が近世、六・七が近現代。小・中学生向けに書かれた児童書で専門用語は少なめだが、最新の研究成果を踏まえた歴史の流れがわかりやすく、カラー写真も多く掲載している。横書きが特徴。A５判。

② 『大学の日本史』一―四（山川出版社、二〇一六年、四冊）

一が古代、二が中世、三が近世、四が近代。大学で日本史を学び始める人向けに書かれた概説書で、三〇〇頁程度の分量なので読みやすい。A5判。

【もう少し詳しく知りたい人に】

③『日本の時代史』一—三〇（吉川弘文館、二〇〇二—〇四年、三〇冊）

ひとつの時代につき六〜八冊程度に分けて詳しく解説。二九・三〇巻は特別編「日本史の環境」と「歴史と素材」。各巻とも複数の著者の論文で構成され、冒頭の論文は総論の性格を持ち、それ以外は各論となる。巻頭にカラー図版あり。巻末に索引、年表、参考文献などを付す。A5判。

④『日本の歴史』〇—二五（講談社〈講談社学術文庫〉、二〇〇八—一〇年、二六冊）

③と異なり一冊を一人の著者が書いている（八・一四・二五巻は共著）。初版は二〇〇一—〇三年にB5判で刊行、文庫化の際に内容が修正されたものもある。B5判にあった巻頭カラー図版は文庫版にはない。巻末に索引、年表、参考文献を付す。

⑤『全集日本の歴史』一—一六・別巻（小学館、二〇〇七—〇九年、十七冊）

④と同様、一冊を一人の著者が書く。巻頭にカラー図版があり、本編にも白黒写真や図版が多く、レイアウトは読みやすく構成されている。巻末に索引、年表、参考文献などを付す。A5判。

⑥『シリーズ日本古代史』一〜六（岩波書店〈岩波新書〉、二〇一〇—一一年）

『シリーズ日本中世史』一〜四（岩波書店〈岩波新書〉、二〇一六年）

『シリーズ日本近世史』一〜五（岩波書店〈岩波新書〉、二〇一五年）

『シリーズ日本近現代史』一〜一〇（岩波書店〈岩波新書〉、二〇〇六—一〇年）
一冊を一人の著者が書く。新書なので持ち運びが便利。巻末に索引、年表、参考文献を付す。

⑦阿部猛［ほか］編『日本古代史研究事典』（東京堂出版、一九九五年）
佐藤和彦［ほか］編『日本中世史研究事典』（東京堂出版、一九九五年）
村上直［ほか］編『日本近世史研究事典』（東京堂出版、一九八九年）
鳥海靖・松尾正人・小風秀雅編『日本近現代史研究事典』（東京堂出版、一九九九年）
通史ではないが、それぞれの時代の研究テーマについて研究史や参考文献などを紹介している。刊行年は少し古いがそれまでの研究史がコンパクトに整理されている。A5判。

⑧木村茂光監修・歴史科学協議会編『戦後歴史学用語辞典』（東京堂出版、二〇一二年）
⑦の類書で、戦後歴史学を理解する上で必要不可欠な歴史用語を解説したもの。歴史用語だけでなく、さまざまな研究テーマについて⑦刊行以後の研究史を理解するうえでも便利である。A5判。

【研究者向け】

⑨『岩波講座日本歴史』一—二二（岩波書店、二〇一三—一六年、二二冊）
各時代が四、五冊で構成され、各巻が複数の著者の論文から成る。末尾三巻はテーマ巻で「地域論」「史料論」「歴史学の現在」。巻末に索引や年表や参考文献はない。A5版。岩波書店の日本史の講座シリーズは今回で第五回目。前回（第四回目）の『岩波講座日本通史』（一九九三—九六年）

では、各巻の冒頭に総論となる論文があったが、今回の『岩波講座日本歴史』にはない。

⑩『日本史講座』一―一〇（東京大学出版会、二〇〇四―〇五年、一〇冊）

各時代が二、三冊で構成され、⑨同様、各巻が複数の著者の論文から成る。歴史研究の学術団体である歴史学研究会と日本史研究会が編者である。巻末に索引や年表はなく、引用・参考文献は各論文の末尾に付されている。四六版。同編者の講座シリーズは三回目で、前回は『講座日本歴史』（一九八四―八五年、一三冊）。

(二)　地域史

特定の地域に焦点をあて、そこの歴史を概観する場合の文献を紹介する。

① 『新版　県史シリーズ』第二版（山川出版社、二〇〇〇―一五年、四七冊）

書名は『徳島県の歴史』『大阪府の歴史』など個別につけられている。一冊で各県の原始・古代から現代までの歴史がコンパクトにまとめられている。

② 自治体史

より詳細な地域全体の歴史を知るなら、自治体史を見ることを勧める。自治体史には、『兵庫県史』『青森県史』のような都道府県史と、『松江市史』『文京区史』『余市町史』のような市区町村史がある。とりわけ都道府県史は複数冊あり、通史編と史料編から構成され、ともに、古代・中世・近世・近現代など時代ごとに分冊されていることが多い。

各自治体が出している自治体史を一覧したものに、『全国地方史誌総目録』（日外アソシエーツ、二〇〇七年、二冊）がある。「北海道・東北・関東・北陸・甲信越」と「東海・近畿・中国・四国・九州・沖縄」で二分冊されており、市区町村名から出版されている自治体史の書誌が一覧できるので便利である。このほかの自治体史の調べ方については、国立国会図書館リサーチ・ナビの「自治体史を探す」を参照のこと。https://rnavi.ndl.go.jp/research_guide/entry/theme-honbun-101063.php

また、都道府県史については、東京都立中央図書館のウェブサイト「東京都立中央図書館所蔵 都道府県史一覧」で都立中央図書館の蔵書に限定されるが、都道府県史の書名を調べられる。https://www.library.metro.tokyo.jp/search/research_guide/local_history/list_prefecture/

おわりに

図書館で勤務していた時に、常に意識していたのが「情報の鮮度」であった。レファレンスブックの見直しは常に行わなければならないが、開架をやめる（俗に「下げる」という）判断はとりわけ難しい仕事であった。というのも、人文系の辞典は刊行年が古くても、権威ある学者が編纂し、複数冊から成り、索引や文献が備わり、他に類書がなければ、多くの図書館員はこれらを良い辞典と評価するためである。

しかし、辞典としての体裁がいかに優れていても、これらが三、四十年前に刊行されたものであれば、その内容にはその間の研究の進化が含まれていないことになる。研究者である著者としては、利用者にはあらゆる分野で研究が進化していることを知ってほしい。著者が「もう古いから下げよう」と提案しても、「良い辞典だから」「類書がないから」と言われてしまうと、協議した末、「とりあえず、もっと良い辞典が出版されるまで開架を続けよう」と投げやりな結論になってしまうこともあった。内心では「もっと良い辞典が出ることはないだろう」と思っていた。

確かに、辞典が開架でなくなれば、その存在価値は大幅に低下するであろうし、該当のテーマの辞典があり、探している言葉が立項されていれば、あらゆる分野の質問に応対する図書館員がどんなに助かるかはよくわかる。また、辞典を案内できれば、利用者自身に調べてもらうことができる。図書館にとっては、情報の鮮度よりも「辞典であること」が重要な場合もあるだろう。

一方で、研究の現場では、学生が辞典を使う場面が減ってきたように感じる。著者が学生の頃は、辞典の記述を批判したり、より詳細な学術論文で辞典の記述を補ったりしていたが、現在は史料をもとに先行論文を検証する方法が中心である。辞典よりも新しい先行研究が増えてくれば当然の結果であろう。もともと図書館員が「確かな情報」とみなす辞典も、研究者にとっては先行研究のひとつであり批判の対象なのである。

このように、研究者が辞典を使わなくなれば、辞典は編纂されなくなる。しかし、初学者にとっては、学術論文を読むのは難しく、論文から先行研究を整理するのはハードルが高い作業である。そこで、安易にネットから都合のよい文章を抜き出して張り合わせ、まとまらない文章をもとにレポートを組み立ててしまう。この状態が続けば、学生は文章を作れなくなり、また辞典は過去の遺産になってしまう。情報リテラシーと辞典の消滅という両方の危機感から、本書の執筆を決意した。

それぞれの辞典の成立背景を調べる過程で、辞典の編纂者は、当時の研究成果の到達点を広く示すだけでなく、開発による歴史地名の消失への危惧など、学術研究の未来に対して重要な問題を投げかけてきたことを学んだ。本書を読み、初学者も研究者も図書館員も出版者も、それぞれの立場で辞典を捉え直す機会となれば嬉しいことである。

なお、古代史専攻の著者だけでは、中世史分野の情報は十分に伝えられないため、中世史の辞典や注釈書については、図書館時代の後輩であり、現在は東京大学史料編纂所助教の木下竜馬氏の協力を仰いだ。本書で挙げた中世史分野の情報の一部は木下氏の御教示によるものである。ここに謝意を記したい。

二〇一九年十月

浜田久美子

参考資料１―『日本史大事典』巻頭カラー図版

＊所蔵機関は事典刊行時の状況
＊所蔵機関の「東博」は、東京国立博物館を表す

巻	テーマ	サブテーマ	収録史料名（所蔵機関）
1	絵巻	貴族の生活と庶民の生活の対比	『源氏物語絵巻』鈴虫（二） 五島美術館蔵 『信貴山縁起絵巻』尼公 朝護孫子寺蔵 『北野天神縁起』巻八 北野天満宮蔵
		原本と模本の比較から 備前福岡市	『一遍聖絵』巻四 原本 清浄光寺・歓喜光寺蔵 模本 前田育徳会尊経閣文庫蔵
		空也上人遺跡 市屋道場の踊念仏	『一遍聖絵』巻七 原本 東博蔵 模本 前田育徳会尊経閣文庫蔵
		一遍聖の入滅	『一遍聖絵』巻十二 原本 清浄光寺・歓喜光寺蔵 模本 前田育徳会尊経閣文庫蔵
		憩う・働く・遊ぶ	『福富草紙』下 出光美術館蔵 『桑実寺縁起絵巻』桑実寺蔵 『弘法大師行状絵巻』巻一 東寺蔵
	絵図		『尾張国富田荘絵図』円覚寺蔵

		『陸奥国骨寺村簡略絵図』中尊寺蔵
		『越後国波月条絵図』中条町蔵
		『越後国奥山荘与荒河保堺相論和与絵図』反町英作氏蔵
		『近江国葛川彩色絵図』明王院蔵
		『近江国葛川簡略絵図』同右蔵
		『西大寺与秋篠寺堺相論絵図』東京大学文学部蔵
		『播磨国鵤荘絵図』法隆寺蔵・『紀伊国桛田荘絵図』神護寺蔵
		『紀伊国桛田荘絵図』宝来山神社蔵
		『伯耆国河村郡東郷荘下地中分絵図』（模本）東京大学史料編纂所蔵
2 合戦	夜討された院御所	『平治物語絵巻』三条殿夜討　ボストン美術館蔵
	都市の合戦と山城の合戦	『平治物語絵巻』三条殿夜討　同右蔵
		『後三年合戦絵巻』上　東博蔵
	首を懸ける作法	『後三年合戦絵巻』下　東博蔵
	山賊・悪党の合戦	『男衾三郎絵詞』東博蔵
		『春日権現験記』第十九巻（模本）東博蔵
	近世的な合戦へ	『長篠合戦図屏風』徳川美術館蔵
		『大坂夏の陣図屏風』大阪城天守閣蔵
	前哨戦と接近戦	『大坂夏の陣図屏風』同右蔵

巻	テーマ	サブテーマ	収録史料名（所蔵機関）
2	合戦	敗走と逃亡	『大坂夏の陣図屏風』大阪城天守閣蔵
	火事	応天門炎上	『伴大納言絵詞』上　出光美術館蔵
		火と火事の中世	『北野天神縁起』巻八　北野天満宮蔵 『地獄草紙』（模本）丙巻　東博蔵 『春日権現験記』巻十八（模本）　東博蔵
		焼け野原となった江戸	『一六五七年三月四日大火にあった江戸市街の図』江戸東京博物館蔵
		大火災の相次ぐ江戸	『江戸火事図巻』同右蔵 『明和九年目黒行人坂火事絵巻』東京消防庁蔵 『江戸大地震之図』東京大学史料編纂所蔵
		三都の大火と情報	瓦版「京都細見図」（京大火地図）元治元年　東京消防庁蔵 瓦版「大阪今昔三度の大火」文久三年十一月　同右蔵 瓦版「江戸大火極本志らべ」安政五年十一月　同右蔵 瓦版「地震大花　場所一覧図」安政二年十月　同右蔵
3	子どもの中世と近世	遊ぶ子どもと〈唐子〉の登場	『月次風俗図屏風』（八曲小屏風一隻、部分）　東博蔵
		中国の子ども像	唐・周昉筆「麟趾図」（部分）　故宮博物院蔵

		「染付唐子図壺」（明・嘉靖期）出光美術館蔵
	〈唐子〉を愛好する近世	河村若芝筆「布袋渡河図」長崎市立博物館蔵 雪村筆「布袋唐子図」藪本公三氏蔵
	唐子遊図と近世の子どもの腹掛け	長沢蘆雪筆「唐子琴棋書画図」厳島神社蔵 長沢蘆雪筆「山姥絵馬」同右蔵
	聖なる子ども	「南無仏太子像」四天王寺像
	稚児と愛	『芦引絵』巻一第五段・第六段　逸翁美術館蔵
	賽の河原の成立	『熊野観心十界曼荼羅』武久家蔵
	地蔵菩薩と子ども	『地蔵菩薩霊験記絵』根津美術館蔵
死の中世	二河白道の譬喩	『二河白道図』香雪美術館蔵
	死体をみつえる	『九想詩絵巻』中村渓男氏蔵
	来迎—山越阿弥陀—	『山越阿弥陀図』禅林寺蔵
	女人往生の画像	『法然上人絵伝』巻十九第四段・第五段　知恩院蔵
	鎌倉新仏教の祖師たちの死	『法然上人絵伝』第三十七第五段　知恩院蔵 『親鸞上人絵伝』報恩寺蔵 『日蓮上人註画讃』巻五　本圀寺蔵 『一遍聖絵』巻十二第三段　清浄光寺・歓喜光寺蔵

巻	テーマ	サブテーマ	収録史料名（所蔵機関）
3	死の中世	晒される首	『平治物語絵巻』信西の巻　静嘉堂文庫美術館蔵
4	水　運	中世の波	『玄奘三蔵絵』巻一　藤田美術館蔵 『一遍聖絵』巻二　清浄光寺・歓喜光寺蔵
		渡海三態	『吉備大臣入唐絵詞』第一段　ボストン美術館蔵 『弘法大師行状絵詞』巻三　東寺蔵 『東征絵伝』巻二　唐招提寺蔵
		舶載された〈宝物〉	青磁水注　京都国立博物館蔵 白磁水注　平泉教育委員会蔵 曜変天目　静嘉堂文庫美術館蔵 白磁梅瓶　東博蔵 青磁下蕪花生　アルカンシェール美術財団蔵 金襴手六角瓢形瓶一対　畠山記念館蔵 染付鳳凰草虫図瓢形大瓶　掬粋巧芸館蔵 宝船（『俗之歳時記』玉晁叢書より　早稲田大学図書館蔵）
		蒙古人と南蛮人	『蒙古襲来絵詞』後巻　宮内庁蔵 『南蛮屏風』（右隻）神戸市立博物館蔵
		征服と侵略と	『八幡縁起』巻上　東大寺蔵 『倭寇図巻』東京大学史料編纂所蔵

	左遷と配流	『北野天神縁起』巻四　北野天満宮蔵 『法然上人絵伝』巻三十四　知恩院蔵
	河川交通の展開	『一遍聖絵』巻三・十一　清浄光寺・歓喜光寺蔵 『石山寺縁起』巻五　石山寺蔵 『松崎天神縁起』巻二　防府天満宮蔵
	異類の出現　竜宮の海	『八幡縁起』巻上　東大寺蔵 『北野天神縁起』巻四　北野天満宮蔵 『浦嶋明神縁起』浦嶋神社蔵 『彦火々出見尊絵巻』（模本）　明通寺蔵
	朱印船と黒船	絵馬「角倉船図」清水寺蔵 『南蛮屏風』（左隻）　神戸市立博物館蔵
5　鼠と猫	天敵の猫を恐れる鼠たち	『鳥獣戯画』甲巻　高山寺蔵
	中世の鼠たち	『春日権現験記』（模本）巻十四・十五・十七　東博蔵 『絵師草紙』第二段　宮内庁蔵
	中世の猫はうずくまる	『信貴山縁起絵巻』尼公巻　朝護孫子寺蔵 『石山寺縁起』巻二　石山寺蔵 『春日権現験記』巻六（模本）　東博蔵
	群れなす鼠の世紀	『鼠草紙』サントリー美術館蔵

巻	テーマ	サブテーマ	収録史料名（所蔵機関）
5	鼠と猫	猫の解放令	『猫のさうし』挿絵
		鼠と大黒	『弥兵衛鼠』慶応義塾図書館蔵 『かくれ里』東京大学文学部国文学研究室蔵
		富をもたらす鼠	『大黒図』仙台市立博物館蔵 『ねずみの相撲』太田記念美術館蔵
		鼠の隠れ里	『家久連里』くもん子ども研究所蔵
	橋	聖なる橋／生死の境の橋	『住吉祭礼図屏風』フリーア美術館蔵
		宇治川に架かる橋	『柳橋図屏風』香雪美術館蔵
		宇治橋　重層するイメージ	『石山寺縁起』巻五　石山寺蔵
		さまざまな中世の橋	『一遍聖絵』巻四・五・六　清浄光寺・歓喜光寺蔵 『一遍聖絵』巻七　東博蔵
		四条大橋と五条大橋	『洛中洛外図屏風』歴博甲本（町田本）国立歴史民俗博物館蔵 『洛中洛外図屏風』東京国立博物館本（模本）東博蔵 『洛中洛外図屏風』上杉本　米沢市蔵
		橋上の乱舞と物乞い	『洛中洛外図屏風』舟木本　東博蔵
6	祭り	祭りの行列	『祇園祭礼図屏風』左隻　出光美術館蔵

	都市の祭り文化	平安末期の祇園御霊会『年中行事絵巻』巻九　個人蔵 江戸の天下祭『神田明神祭礼絵巻』龍ヶ崎市歴史民俗資料館蔵 名古屋の東照宮祭『東照宮祭礼図』徳川美術館蔵
	近世京都の祇園祭	『祇園祭礼図屏風』大阪市立博物館蔵
	東照宮の祭り	『東照宮祭礼図』紀州東照宮蔵
巫女	託宣する少女綾子と老巫女の姿	『松崎天神縁起』巻四　防府天満宮蔵 『東北院職人歌合』四番左　東博蔵
	平安末期の巫女たち	『年中行事絵巻』巻三・十二・十三　個人蔵
	神社巫女と歩き巫女	『春日権現験記』（模本）巻六・八・十・十三・十五　東博蔵
	門や社殿に居る巫女	『石山寺縁起』巻五　石山寺蔵 『一遍聖絵』巻九　清浄光寺・歓喜光寺蔵 『弘法大師行状絵詞』巻七　東寺蔵
	中世後期の巫女像	『鼠草紙』サントリー美術館蔵 『花鳥風月』慶応大学図書館蔵
	近世初頭の巫女たち	舟木本『洛中洛外図屏風』東博蔵 『江戸名所図屏風』出光美術館蔵

参考資料２『歴史考古学大辞典』収録の一覧表

一覧（八〇三頁）・**天皇陵古墳**一覧（八〇五―八一二頁）・**度量衡**、計量単位換算表（八五八頁）

は行―重要文化財指定の**版木**一覧（九四二頁）・**藩校**一覧（九四三―九五一頁）・**風土記の丘**一覧（府県立の施設）（一〇一八頁）・**文化財**の類型等と指定等の種別（一〇二四頁）・**文化庁**組織図（一〇二六頁）・日本古代**墓誌**一覧（一〇六〇頁）・**梵字**悉曇字母一覧（一〇七〇―七二頁）

ま行―諸国**御厨**一覧（一〇九九―一一〇四頁）・主要**名所図会**一覧（一一三九頁）

ら行―**六勝寺**一覧（一二〇八頁）・天皇陵一覧（**陵墓**）（一二一七―二一頁）

＊太字は一覧表が掲載されている項目名を表す。

著者略歴
一九七二年　奈良県に生まれる
二〇〇九年　法政大学大学院人文科学研究科博士後期課程修了、博士（文学）
一九九五〜二〇一八年　国立国会図書館司書
現在、大東文化大学文学部教授

〔主要著書・論文〕
『日本古代の外交儀礼と渤海』同成社、二〇一一年
『訳註日本古代の外交文書』八木書店、二〇一四年（共著）
「人文系レファレンスの実践―国立国会図書館デジタルコレクションを使ったレファレンス―」『図書館雑誌』一〇九―九、二〇一五年

日本史を学ぶための図書館活用術
辞典・史料・データベース

二〇二〇年（令和二）三月十日　第一刷発行

著者　浜田《はまだ》久美子《くみこ》
発行者　吉川道郎
発行所　株式会社　吉川弘文館
郵便番号一一三―〇〇三三
東京都文京区本郷七丁目二番八号
電話〇三―三八一三―九一五一〈代表〉
振替口座〇〇一〇〇―五―二四四番
http://www.yoshikawa-k.co.jp/
印刷＝株式会社 三秀舎
製本＝ナショナル製本協同組合
装幀＝伊藤滋章

ISBN978-4-642-08370-6

索　引

あ 行

か 行

さ　行

た　行

な　行

は　行

ま　行

や　行

ら　行

わ　行

【辞書年表】

本書に関わる分野のおもな辞典を挙げた.

西暦	年号	辞　典　名	出　版　社
1896	明治29	古事類苑（洋装本）全 52 巻（～1914）	神宮司庁
1900	33	大日本地名辞書 全 5 巻（～1907）	冨山房
1908	41	日本百科大辞典 全 10 巻（～1919）	三省堂
		国史大辞典 本編・挿絵及年表	吉川弘文館
1909	42	大日本地名辞書 続編	冨山房
		仏教大辞典（初版）全 3 冊（～1916）	武揚堂
1915	大正 4	大日本国語辞典 全 5 巻（～1928）	冨山房
1925	14	国史大辞典大増訂 全 6 巻（～1926）	吉川弘文館
1931	昭和 6	大百科事典 全 28 巻（～1935）	平凡社
1932	7	大言海 全 5 巻（～1935）	冨山房
1933	8	仏書解説大辞典 全 15 巻（～1935）	大東出版社
1934	9	大辞典 全 15 巻（～1935）	平凡社
1940	15	国史辞典（～第 4 巻 1943 で中断）	冨山房
1943	18	大漢和辞典 第 1 巻（戦前版）	大修館書店
1953	28	大人名事典 全 10 巻（～1955）	平凡社
1955	30	広辞苑（初版）	岩波書店
		世界大百科事典 全 31 巻（～1958）	平凡社
		大漢和辞典 全 13 巻（戦後版）（～1960）	大修館書店
		東方年表（初版）	平楽寺書店
1956	31	日本歴史大辞典 全 22 巻（～1961）	河出書房
1958	33	日本古代人名辞典 全 7 巻（～1977）	吉川弘文館
1959	34	アジア歴史事典 全 9 巻（～1962）	平凡社
1966	41	日本史年表（初版）	岩波書店
		角川日本史辞典（初版）	角川書店
1967	40	大日本百科事典 全 23 巻（～1972）	小学館
		時代別国語大辞典（上代編）	三省堂
1968	43	日本歴史大辞典（増補改訂版）全 10 巻（～1970）	河出書房新社
1969	44	大日本地名辞書（増補版）全 8 巻（～1971）	冨山房
1972	47	ブリタニカ国際大百科事典 全 30 巻（～1975）	TBS ブリタニカ
		日本国語大辞典 全 20 巻（～1976）	小学館

西暦	年号	辞　典　名	出　版　社
1977	昭和52	日本史小百科1（～29 1991，その後東京堂出版 2002 まで）	近藤出版社
1978	53	平安朝日記に記述されたる人物の研究	槇野廣造
		10月 角川日本地名大辞典 第13巻東京都 全51冊（～1990）	角川書店
		10月 学研漢和大字典	学習研究社
1979	54	3月 国史大辞典 全15巻17冊（～1997）	吉川弘文館
		9月 日本歴史地名大系 第27巻京都市 全51冊（～2005）	平凡社
1980	55	8月 古文書用字用語大辞典	柏書房
		12月 くずし字用例辞典（初版）	近藤出版社
1981	56	8月 戦国大名家臣団事典 全2巻	新人物往来社
		11月 広漢和辞典 全4巻（～1982）	大修館書店
1982	57	6月 角川古語大辞典 全5巻（～1999）	角川書店
1983	58	1月 人物レファレンス事典1・2	日外アソシエーツ
1984	59	日本大百科全書（初版）全25冊（～1989）	小学館
		大漢和辞典（修訂版）全13巻（～1986）	大修館書店
1985	60	1月 日本歴史大辞典（新版）全12巻（～1986）	河出書房新社
		3月 時代別国語大辞典（室町時代編全5冊）（～2001）	三省堂
		9月 史籍解題辞典上巻（竹内理三，滝沢武雄編）（～下巻1986）	東京堂出版
		11月 鎌倉・室町人名事典	新人物往来社
		戦国大名系譜人名事典 全2巻（～86）	新人物往来社
1987	62	3月 戦国人名事典	新人物往来社
1989	平成元	4月 大漢和辞典（修訂第2版）全15巻（～1990）	大修館書店
1990	2	5月 大漢和辞典 語彙索引	大修館書店
		11月 日本古代氏族人名辞典	吉川弘文館
1991	3	5月 公卿補任年表（初版）	山川出版社
1992	4	11月 日本史大事典 全7巻（～1994）	平凡社
1993	5	2月 平安人名辞典（長保2年）	高科書店
		3月 くずし字用例辞典	東京堂出版
1994	6	2月 歴史学事典 全16巻（～2009）	弘文堂
		4月 平安時代史事典 全3巻	角川書店
		7月 公卿人名大事典	日外アソシエーツ

西暦	年号	辞　典　名	出　版　社
1995	平成 7	1月 織田信長家臣人名辞典（初版）	吉川弘文館
		2月 日本古代官職辞典	高科書店
1996	8	1月 有識故実大辞典	吉川弘文館
1997	9	10月 日本史広辞典	山川出版社
1998	10	8月 大蔵経全解説大事典	雄山閣出版
1999	11	3月 古代地名大辞典	角川書店
		9月 対外関係史総合年表	吉川弘文館
		10月 岩波日本史辞典	岩波書店
2000	12	4月 大漢和辞典 補巻	大修館書店
		5月 日本史文献解題辞典	吉川弘文館
		10月 岩波日本史辞典 CD-ROM 版	岩波書店
		12月 日本国語大辞典（第2版）全14巻（～2002）	小学館
2001	13	4月 ジャパンナレッジ サービス開始	ネットアドバンス
		5月 日本史総合年表（初版）	吉川弘文館
2002	14	2月 角川日本地名大辞典・角川古語大辞典各 CD-ROM 版	角川書店
		11月 新版シルクロード往来人物辞典	昭和堂
2003	15	5月 仏教考古学事典	雄山閣
2005	17	5月 学研新漢和大字典	学習研究社
2006	18	1月 戦国人名辞典	吉川弘文館
		1-3月 精選版日本国語大辞典 全3巻	小学館
		9月 後北条氏家臣団人名辞典	東京堂出版
		10月 平安時代史事典 CD-ROM 版	角川書店
		新・国史大年表 全11巻（～2015）	国書刊行会
		11月 日本古代中世人名辞典	吉川弘文館
2007	19	1月 平安人名辞典（康平3年 ～08）	和泉書院
		3月 歴史考古学大辞典	吉川弘文館
		5月 東アジア考古学辞典	東京堂出版
		5-6月 日本中世内乱史人名事典 全3巻	新人物往来社
2009	21	2月 対外関係史辞典	吉川弘文館
2011	23	12月 古語大鑑 1～	東京大学出版会
2014	26	3月 公卿補任図解総覧	勉誠出版
2015	27	5月 武田氏家臣団人名辞典	東京堂出版
2018	30	11月 大漢和辞典デジタル版	大修館書店